贰阅 ERYUE | 阅爱·阅美好

让阅读走心
让阅历丰盛

从迷茫到清晰

认识你自己

林紫◎著

廣東旅游出版社
GUANGDONG TRAVEL & TOURISM PRESS
悦读书·悦旅行·悦享人生
中国·广州

图书在版编目（CIP）数据

从迷茫到清晰：认识你自己 / 林紫著. —广州：
广东旅游出版社，2020.5
（我们内心的焦虑）
ISBN 978-7-5570-2064-4

Ⅰ. ①从… Ⅱ. ①林… Ⅲ. ①自我完善化－通俗读物
Ⅳ. ①C912.1-49

中国版本图书馆 CIP 数据核字（2019）第 262234 号

从迷茫到清晰：认识你自己

Cong Mimang Dao Qingxi：Renshi Ni Ziji

广东旅游出版社出版发行
（广州市环市东路 338 号银政大厦西楼 12 楼　　邮编：510180）
印刷：北京晨旭印刷厂
（地址：北京市密云县西田各庄镇西田各庄村）
邮购地址：广州市环市东路 338 号银政大厦西楼 12 楼
联系电话：020-87347732　　邮编：510180
880 毫米 ×1230 毫米　32 开　6.25 印张　123 千字
2020 年 5 月第 1 版第 1 次印刷
定价：45.00 元

目录

第 2 章

揭开我，哪个面具下的我更受欢迎

〈 乔哈里窗 〉

第 3 章

识别我，为什么心里有三个小人在打架

〈 人格结构论 〉

第 4 章

找到我，如何读懂自己的内在需求

〈 荣格自性化 〉

第 5 章

建构我，与万物互联是一种什么体验

〈 自我建构 〉

〈 自 序 〉

你太过焦虑，是因为从未与自己在一起

你好，我是林紫。1998 年，我创办了中国早期的非药物心理咨询机构——林紫心理机构。20 多年来，我做过 2 万多小时的个案咨询、800 多小时的团体辅导及上千场心理讲座。我和团队一起，见证了中国心理咨询行业从无到有的发展。

20 多年的心理工作中，我接触了太多人的焦虑：父母为儿女焦虑，儿女为学业焦虑；老板为企业焦虑，员工为业绩焦虑；丈夫为家庭财富焦虑，妻子为婚姻关系焦虑……

同时，所有人似乎都在忙着赶路，头脑里反复念着“快点、快点”，心里却慌张而惶恐，不知道自己最后究竟能够得到些什么。

所有焦虑的背后，都隐藏着三个古老的话题：我是谁？我从哪里来？我要到哪里去？

- 不清楚我是谁，所以把自己的价值放到他人和他物之上。
- 不清楚我从哪里来，所以解不开自己身上重重叠加的期待与捆绑。
- 不清楚我要到哪里去，所以时时刻刻担心着未来会怎样……

这三个话题听起来很形而上，好像一辈子也说不清。也有人觉得这些是哲学题，就留给哲学家去思考吧。

其实，心理学领域有许多实实在在的观点和方法，可以帮你厘清思路、摆脱焦虑。

心理学帮你防患于未然，避免不必要的焦虑

20 多年来，我和我的团队服务过外交部、公安部的机关干部，300 多家世界 500 强企业的员工，也先后参与过汶川地震、马来西亚航班失联等灾难背后的公益心理援助。我发现，有太多的心灵伤痛、问题和遗憾，都可以通过早一点了解心理学而加以避免。

几年前，我去南方给上千位家长讲课，听到一个令人十分心痛的真实故事。

一对夫妻想要生两个孩子，但当时国家还没有开放二孩政策，超生要罚许多款。夫妻俩东躲西藏，偷偷生下第二个孩子之后，把孩子悄悄藏在家里。不许孩子大声哭泣，不带孩子出门玩耍，

四五年时间，孩子甚至连太阳都没有晒过。

渐渐地，夫妻俩发现不对劲了，孩子5岁了还不会讲话，不跟家人互动，每天只是一个人缩在角落里，稍微有点声音就浑身发抖。夫妻俩害怕了，冒着被罚款的风险带孩子四处求医，但所有的医生都对他们摇头，说孩子废了，治不了了。

试想，如果这对夫妻早一点知道，剥夺一个孩子哭泣的权利、剥夺孩子健康成长所需的自由和与外界的互动，对孩子的心灵会造成不可逆的巨大伤害的话，他们又怎么忍心亲手废了自己得之不易的孩子呢？

在一次公安部的危机干预培训课上，一位警官课后找到我，说两年前他曾成功救下一名准备跳天桥自杀的少女，少女活了，他却发现自己越来越低落了。少女当时绝望的表情时不时就会闪现在他眼前，让他甚至也产生了站上天桥跳下去的冲动。他说，假如两年前就知道这是心理问题，了解经历危机事件后每个当事人都需要心理干预的话，他会早点寻求帮助，就不必忍受长期失眠的痛苦，更不会因为抑郁而与女朋友分手了。

在汶川地震的灾后心理重建工作中，我还陪伴过这样一个家庭。

这是一个四口之家。地震发生前，父母带着11个月的小女儿在外地打工，留下两岁的大女儿和外婆一起生活。地震中大女儿和外婆不幸遇难，爸爸万分悲痛和自责，开始抽烟、喝酒，喝醉了就骂妻子、打小女儿，对小女儿产生了强烈的愤怒和排斥，不允许小女儿叫爸爸……

妈妈哭着说，小女儿以前从未生过病，但地震之后开始变得越来越虚弱，不停地生病，越是生病，丈夫就越是暴躁，这个家看来要彻底散了……爸爸则愤怒地说，都是你们娘儿俩老惹我生气，这样的家，早点散了的好！

我邀请这位爸爸与我单独交流，帮助他一步步地看到：问题真正的根源在于丧女之痛下没有来得及面对和处理的各种复杂情绪，在于整个家庭都需要的创伤修复。幸运的是，当我们所在的安置点最终撤除时，这位爸爸已经能够重新拥抱小女儿，所有家庭成员又站在一起了。这位妈妈说，幸好遇到了我们，不然她都想带着小女儿自杀了。

幸好，有心理学。心理学本质上就是帮你防患于未然，让你在焦虑来临之前能够平静面对。所以，我有一个越来越强烈的愿望，那就是：将更多的精力放到心理学的普及和早期教育上，预防胜于治疗，让更多非心理学专业的朋友，有机会系统地学点对自己有用的心理学。

心理学帮你找到内在原因，避免过度焦虑

不焦虑的人生，并不是完全没有焦虑。适度的焦虑和压力可

以成为动力，过度而持久的焦虑，却会让生命之河干枯。有时候，我们无法摆脱焦虑，是因为烦恼千头万绪，找不到焦虑的根源所在。

举个例子。2018 年世界杯，最令球迷关注和心疼的，莫过于世界顶级球员之一的梅西。在之前的其他热身赛上，梅西频繁出现恶心、干呕的情况。心理学家莫雷哈指出，“恶心是焦虑症的典型症状”。

莫雷哈在分析中进一步补充：“焦虑的根源，极大可能是个人问题，并不一定是球场上的压力所致。诉讼官司、债务问题、家庭纠纷及孩子的出生等，都包括其中。其实运动员也是普通人，在高强度的比赛中，所有这些都会同时涌向你。”莫雷哈给巴萨俱乐部的建议是，要为球员们进行适当的心理疏导。

在人生的球场上，你是运动员，也是观众；你需要看到哪些压力来自球场内，哪些压力来自球场外，并厘清内外的纷扰。这样才能赢得超越自我的比赛。

心理学让你摆脱焦虑，生活得更好一点

很多人觉得，心理学很神秘，离生活很远。在我看来，心理学从来都不是高高在上的，它不是心理学家的专属品，而属于每个人；心理学的价值也不只是解决问题，它更大的价值其实是让每个人都能生活得更好一点。

生活得更好一点，意味着内在有更充足的安全感，外在表现得更从容、不焦虑；意味着无论遇到怎样的挑战，内心都十足自信与笃定，有力量成为自己，过自己想要的一生。

英文里有个词叫 well-being，最能贴近我想要表达的状态。中文将它翻译成“幸福”，实际上它比 happiness 所表达的幸福还要多一点，包括：健康、满足、接纳、祥和、心灵自由。

学习心理学，可以让你了解自己的人格特质和职业倾向，找准自己的位置；可以让你改善自己的沟通模式，重建亲密关系；还可以增强你的心理弹性，扩展你的精神视野，帮助你面对挫折和危机；最终可以逐步修复你的内在安全感，让你的心灵更安宁，更愿意跟自己在一起。

怎样才能到达 well-being 的状态呢？我将自己 20 多年来积累的案例故事和所思所感凝聚成“我们内心的焦虑”系列书籍。

在这一系列书籍中，我们将一起跨越心灵的四季——第一季，《从迷茫到清晰：认识你自己》；第二季，《从退缩到成长：发展你自己》；第三季，《从自卑到自信：超越你自己》；第四季，《从完美到真实：放过你自己》。本书为第一季。

认识你自己，就像从各个角度清楚地看见泥土下埋着一颗怎样的种子。发展你自己，则是给这颗叫作自我的种子松土、施肥、浇水，静待花开的过程。超越你自己，是指在自我发展的道路上有荆棘、有打击，还有这样那样的人生挑战和问题等着你，你要敢于超越它们。然而，最终你还要修炼，学会放过自己。因为经历了前三站的旅程，你会发现，无论你多么努力，多么渴望成为理想的自己，人生还是会有这样那样的遗憾和不完满。真正不焦虑的人生，不是我们找到了所有问题的答案，而是允许没有答案的问题存在，同时接纳自己生而为人的局限。

每一季里，都有五个话题围绕主题依次展开。我会围绕你最关心的生活场景作为切入口，并悉心挑选与你最有关联的心理学知识点、案例故事和实用小工具，帮助你所学即所用，系统地梳理自己、梳理生活。同时，每章还会有一个彩蛋，“敲开”问题与你互动。这四季，我会带着你层层递进，逐渐以更广阔的视角、更多元的维度来学习。

与此同时，我也想告诉你，就像任何一门学科一样，心理学也有自己的局限。它的任何理论都是基于某种假设，为我们揭示的是生命的可能性，而非唯一性。它只是我们了解自己、了解他人和世界的通道与可能性之一。它回答不了，也解决不了所有人生问题。

不焦虑的人生没有标准答案。希望通过这一系列书，你能成为自己问题的解决专家，更能成为接纳自己不完美，但有着完整的生命旅程的 well-being 新贵。希望你可以更清晰地了解自己，形成自己的人生观，坚定自己的方向，选择自己的路径，过好自己仅此一家别无分号的人生。

我更希望你读完后，可以合上眼睛、安然入睡，可以枕着自己的小确幸会心一笑地说：“心理学没有让我成仙，却真的让我感受到了‘脚踏实地、仰望星空’。”

“但愿世间人无病，何愁架上药生尘。”

愿书中文字传递专业与爱，让你的生命如花，次第开放。

需要特别说明的是：为了在保护隐私的同时，能够帮助你加深理解，我在这套书里分享的所有案例，都是结合日常生活中大家常见的现象加以虚拟或合成的。愿你通过他人的故事解读自己的人生。同时，书中列举和引用的心理学实验、数据等，也可能会随着时间和研究的推进而不断更新，请你在阅读时结合最新的科研成果，客观理性地加以理解和运用。书中未能穷尽及难免疏漏之处，还请多多包涵和指出，我和编辑老师将加以修正和补充。

愿：万物生生不息、我们心心相印。

感恩大家，祝福大家。

CHAPTER ONE

第 1 章

探索我，你真的了解自己吗

〈 自我概念 〉

01
以画绘心，如何通过画画认识自己

〈 自我表达 〉

欢迎你与我一起，踏上这趟通往不焦虑人生的旅程。

希腊古城德尔菲的阿波罗神殿上刻有七句名言，其中流传最广、影响最深、被认为点燃了希腊文明火花的，却只有一句：“人啊！认识你自己。”古希腊的哲学家苏格拉底，把“认识你自己”作为自己哲学研究的核心命题。法国大思想家蒙田也说，世界上最重要的事情就是认识自我。

也许你会说，不是谈心理学吗？为什么扯到了哲学问题呢？没错，心理学最早属于哲学范畴。直到 1879 年，德国生理学家冯特在莱比锡大学建立了第一个心理实验室，才有了现代科学心理学的开始。所以，有人说心理学就像是哲学妈妈和生理学爸爸结合以后生下的孩子。心理学从爸爸那里得到研究方法和物质基础，从妈妈那里传承了气质内涵和研究命题，包括核心概念——自我。在心理学的发展历史中，各派心理学家们根据各自的理论假设和人性假设，对自我进行了各不相同的定义和建构。

请注意，我特别提到了人性假设，它指的是心理学家作为人本身如何看待人。比如行为主义心理学家将人看作机器，可以通过设定“刺激—反应”的程序来加以调控，而人本主义心理学家则认为，人是万物的尺度，有各自独立的尊严和价值，值得无条件尊重。

人性假设跟当下流行的“人设”的概念不同，人设是指人物设定，是把自己扮演成某个角色来展示给别人看。而人性假设，则是你想活成什么样子给你自己看。

比如你的人性假设是，人是可以成仙的，那么你整个人生的路径就会朝向不断的身心修炼伸展。路遇坎坷也会当作练功的对境。而如果你的假设是，人是由这一生所积累的财富来定义自身价值的，那么你的人生路径则会指向事业的打拼和数字资产的更新。

人性假设无所谓对错。心理学能做的，就是帮助你看清自己，选择路径，并且找到匹配的方法来支撑自己的选择。

一位美丽的全职太太，家境富有，丈夫也很爱她，唯她是从，她却患上了严重的焦虑症。丈夫出差、孩子上学、家中保姆打个喷嚏，都会让她整日整夜身心不宁，脑子里充满各种各样灾难性的担忧。

她担心丈夫外遇，担心孩子遭受校园欺凌，担心保姆的喷嚏让家中充满各种可怕的病菌。她每天都觉得有好多事要做，但又感到极度疲乏，根本没有精力去处理任何事情，还动不动就大发雷霆。丈夫越来越怕回家、孩子也吵着要去住校。

通过咨询，她回忆起结婚前的自己。那时工作压力大、钱少，经常加班到半夜并骑自行车回家，别人觉得她很辛苦，她却觉得很快乐，特别喜欢那个用力蹬车的自己。婚后不再工作了，丈夫把她捧在手心里，大事小事都有人帮她搞定，她发觉自己在家里什么都插不上手，没有了目标和价值感。

家人、朋友都说她身在福中不知福，以前她也这么认为，所以更加焦虑；而咨询让她越来越清楚地知道自己想要的“福”是什么。她开始系统学习心理学，主动给其他家长分享自己的心得；她发现自己与植物在一起时最放松，于是开始专心研究插花艺术和植物精油，主动为丈夫和孩子做精油按摩。以前那种天要塌了的焦虑感，慢慢变成“天塌了还有我”的力量感，家人也越来越喜欢跟她在一起了。

就像这位太太一样，过度的思虑让人迷失自己，简单的行动却让人找到回家的路。如果说哲学的副作用在于让人思虑过度、心理学的疗愈作用在于让人知行合一的话，在哲学和心理学之间，有一座非常好的桥梁，那就是艺术。

在学会更多心理学方法之前，艺术能够帮助你将心中的自我呈现出来，感受到直指人心的愉悦。

事实上，在心理学诞生之前，艺术已经在做着让人成为人的工作。就像丰子恺先生所说，我们平日对人生自然，因为习惯所迷，往往不能见到其本身的真相。唯有在艺术中，我们可以看见万物的天然真相，学艺术是要恢复人的天真。心理学家们深有同感，所以就有了表达性的艺术治疗，通过音乐、诗歌、绘画、舞蹈，来疗愈心灵。

今天，我们要借着绘画来聊聊自我。我们先来领略几幅名画中的自画像。我来描述，你来想象。看看不同的画家心中的自己，有什么不一样。

第一幅，文森特·梵高的耳缠绷带的自画像。梵高跟与自己同住的画家保罗·高更大吵一架之后，做出了割耳举动，然后画下了这幅自画像。他画这幅画像是想让自己和弟弟提奥·梵高相信，他已经从伤痛中恢复过来了。而且，他还想把这幅自画像送给母亲，希望母亲对他的健康放心。所以，画上的他比以往显得健康、年轻、整洁许多。

可是，这并不能掩饰他眼底的绝望。你可以想象，一个连自己割了耳朵也要如实地画出来的人，实在是诚实。可是，他又是在多么诚实地、努力地编织着一个关于自我的谎言。这样的诚实，再加上出身于牧师家庭，不善与人沟通的性格，让他成为世界上最孤独的人，最终他也只能以终结自我的方式来终结这份孤独。

同样是自画像，美国画家诺曼·洛克威尔的三人自画像，就大不一样了。他画的是自己一边对着一面镜子，一边画自己，但又不是真的一板一眼地把镜子里的自己画在画板上。除了这三个自己，左上角还有一幅草图，右上角则贴着另外几位大名鼎鼎的艺术家的自画像。

跟梵高的孤独自我相比，诺曼虽然也经历了战争、妻子去世、画室起火等磨难，但是他的自我是轻松幽默，而且热闹非凡的。

我们再来看看两位女画家的自画像。

“波点女王”草间弥生的自画像和她所有的作品一样，画的背景、人物、头发到衣领，统统是由大小不一的彩色圆点堆砌出来的。这是因为幼年患有自闭症的她眼中的世界就是这样，画上人物和真人很像，可是，看起来其实年轻了 20 来岁，这恰恰是草间弥生心中的自我形象。

而女画家弗里达·卡罗，一生画了许许多多自画像，画中的自己永远都有隐约的胡子和浓密的连成一线的眉毛。她的《两个弗里达》这幅画里，左边的自己亲手用一把剪刀剪断了联通心脏的血管，右边的自己手中紧握的则是由血管连接的丈夫的画像。你能猜到吗？她画的正是婚变前后的两个截然不同的自己。

15 年前，当我邀请一位女性来访者画一幅自画像来探索自己的时候，从没学过绘画的她也无独有偶地画了一男一女两个自己。你能读懂，她画作背后的心理状态吗？

所以，心理学从哲学而来，在艺术中显现，常常比你想象的更能表达自己，帮助自己，了解自己真实的一面。

○ 练习

在两张 A4 纸上分别画两幅自画像，一幅是现实的自己，一幅是理想的自己。你可以用任何形式、线条，或者符号来画，不需要画得多好、多像，只需要跟随自己的内心即可。你可以看一看，自己有什么新的发现？

02
爱或不爱，身体从来不会说谎

〈 生理自我 〉

我们要认真学习三个关键词：自我意识、生理自我、身体主权。

自我意识

自我意识，也叫自我认知或自我，是人对自己身心状态及对自己同客观世界的关系的意识。它由自我认识、自我体验和自我控制三种心理成分构成，三者相互联系，相互制约。自我认识包括自我感觉、自我观察、自我分析和自我批评等；自我体验包括自我感受、自爱、自尊、自卑、责任感、义务感和优越感等；自我控制包括自立、自主、自律等。

如果我问：你认识你自己吗？你可能会说：当然啦，我叫×××，身高160厘米，大学三年级。可是，这真的就是你吗？百度上一搜，全国也许有成百上千个叫这名字的。

社会心理学家调查了成千上万来自世界各地的人，发现虽然95% 的人认为自己拥有自我觉察的能力，但实际只有不到 15% 的人展现出了自我觉察的能力。

难以正确认识“自我”的心理现象称为“苏东坡效应”。宋代诗人苏东坡有句诗“不识庐山真面目，只缘身在此山中”。也就是说，人们对“自我”这个犹如自己手中的东西，往往难以正确认识；从某种意义上讲，认识“自我”比认识客观现实更为困难。

一般而言，“苏东坡效应”主要有三种表现形式：

（1）不屑认知型。

许多人口头总是说：“我自己什么样，我还不了解？”可事实上，他们对自己一知半解。优点和特长是什么？缺点和不足是什么？远见、身体、心态、思维、反应、承受能力、人际关系、学习能力、创造能力是什么样的？能打多少分？许多人并不清楚。

（2）片面认知型。

片面认知型有两种人：一种人充分认知自己的优点，自信心极强，往往高估自己，低估他人，给人以自高自大的感觉；另一种人则认为自己没本事，不思进取，一辈子没发挥出自己的优势，被动地走完一生。

（3）随意认知型。

一些人认定“人命天定”，喜欢顺其自然，随遇而安，而不愿发挥自己的优势、特长及主观能动性，最终只能混日子。

尼采说：“离每个人最远的，就是他自己。”

怎么拉近与自己的距离呢？最简单而又最基础的方法是，从认识自己的生理自我、与自己的身体重新建立觉知和连接开始。

你可以一边阅读本书，一边站起来，双手自然下垂，紧贴大腿两侧，闭上眼睛，然后金鸡独立，看看自己能够站立多久。根据单腿站立时间的长短，可以评判身体平衡力的强弱，平衡能力越强的人，适应复杂环境的能力及自我保护能力往往也越强。保持时间越短的人，平衡力越差，身体素质相对较差。

正常情况下，30 岁到 40 岁的男性可以站立 9 秒以上，女性则时间更长。**如果不到 3 秒钟你就开始摇摇晃晃，就说明你身体的老化和早衰情况已经非常严重。**

也许你会说：别吓我，我才 20 岁，怎么可能早衰呢？

“压力研究之父”汉斯·塞利博士发现：每一个阶段的应激，尤其是由挫折、不成功的奋斗导致的应激，都会在人体留下不可磨灭的化学疤痕，这些生理上的损伤会不断累积，表现为生理组织的老化。

不仅如此，身体是人感知和认识自己的开始。如果我们在生理自我的认识、觉察和自我接纳上有欠缺，成年后就会出现各种各样的问题。

生理自我

社会心理学家认为，人的自我意识要经历三个发展阶段：生理自我、社会自我和心理自我。

离开妈妈的子宫来到这个世界上，在0～3岁，人会先从自己的身体、外貌、仪表、年龄等方面来认识自我。这个阶段里，如果一个人对自己的身体有良好的觉察和接纳，同时得到了充分的爱护、尊重和满足，那么他成年后的自信度、安全感、自我效能和自我照顾能力也会相对较高；相反，如果3岁之前，一个人对自己身体的探索被阻断、生理性别的认同被误导、生理的需求不能得到满足，他长大后就会出现各种各样的困扰。

我们来看几个案例。

一个男孩，因为家里三代没有女孩，在他出生前，长辈们都心心念念希望生一个女孩，买了一堆女孩的物品，连准备的名字也是适合女孩的。

他出生后，家人为了弥补缺憾，索性把他当作女孩来养。3岁以前，经常给他穿裙子，打扮得漂漂亮亮的。邻居好心提醒他的家人，可是奶奶说：他还小，懂什么，没关系啦！

试想一下，这个孩子后来会怎样呢？我们在“社会自我”和“心理自我”部分会继续分享他的故事。

一位女心理咨询师，因为热爱心理学，所以她无论理论学习还是案例实践都非常用功，但不知道为什么，她的咨询能力却总是没有太大提升，总感觉在哪里卡住了。

她来找我督导，我们一起从自我探索开始梳理，结果发现：虽然在别人眼里她很自信，她对自己的学历、工作、家庭也都比较满意，但其实她心里一直藏着一个自己差点都忘记了的小秘密：她不喜欢自己的脚，小时候特别害怕在外人面前脱鞋。

她说，她隐约记得小时候经常和妈妈一起泡脚，每次妈妈都会说："我的宝贝哪里都好看，就是这双脚呀像我的脚，有个苦命包哦！"

回想到这一点，她豁然开朗了：原来，作为咨询师的自己不能够真正接纳自己的时候，来访者自然也就无法在咨访关系里感觉到无条件的接纳和安全。

在中国首届表达性艺术治疗大会上，著名华人心理剧大师龚秫老师分享了一个她在美国的咨询案例。

一个患厌食症的 22 岁女孩，被父母带来见她，身体弱小得就像十二三岁。在帮助她找到症结所在、逐渐治愈之后，这个女孩居然在 20 多岁的年龄重新开始了发育，因为，她终于允许自己生理自我的生长，不再以发育为耻。

同一次大会上，来自日本的沙盘治疗大师山中康裕也分享了一个案例，同样是患厌食症的女孩。

在最初的沙盘治疗里，她不肯碰触沙子，摆放的也都是宫殿、天使、圣母等洁净到没有人间气息的物品。经过一次次的治疗，她的沙盘作品开始慢慢呈现出现实生活的场景。直到最后，她居然能够拿起一个粪便状的沙具摆进沙盘里。

山中康裕先生说到这里的时候会心一笑，全场来自世界各地的心理学家们也都会心一笑，并报以掌声，为这个女孩终于能够接纳自己、接纳现实元素进入自己的生活而高兴。在此之前，食物对她来说都是不干净的物品，她不想自己的生理自我被污染；而治愈之后，她可以接纳自己是个普通人、活在现实世界中，连粪便也都不再排斥，她的生理自我终于发展起来了。

如果这几个案例离你有点远的话，我们就再来看看身边的故事。

全国各大整形美容医院里进进出出几十次的那些帅哥美女，他们实际上容貌已经相当出众，但就是对自己的长相不满，觉得自己鼻子是歪的、嘴唇太厚了……

常常有整形科的医生向我诉苦："不管怎么做，他们都不满意！"这样的整形成瘾，其实有可能是患上了"躯体变形障碍"。这种心理疾病的特征就是：不接纳自己的身体，总怀疑自己有缺陷，不断找人确认，又总不相信别人。无论做多少次整容手术，他们都不会满意。

与他们形成对照的是，我认识的一个有趣的女生，她长得又黑又胖，鼻梁塌塌的，从小就被嘲笑长得丑，连家人都笑话她，于是她接受了丑的现实，告诉自己“我很丑，可是我很能干”。

大学毕业后她去日本留学，一周兼三份工的同时，还拿到了奖学金。我问她对家人笑话自己怎么看，她说：“其实他们是让我很早就面对现实，而且他们依然支持我，所以我才那么自信呢！父母给我的最大财富就是这样一个虽然丑但是很健康的身体，我挺喜欢自己的。”

所以，从自我意识的发展角度来看，决定未来人生的不是生理自我的美丑，而是“我的身体我做主”，当你能够全然接纳和展示自己，整个世界也会渐渐接纳你。

身体主权

身体主权，是指一个人对自己身体的拥有、支配和可控权。如果在生理自我的发展阶段，这些权利感没有建立起来，或者在后期不被尊重，那么也很有可能出现各种问题。比如患暴食症或厌食症的女孩背后，往往有一个“控制—排斥”型的母亲，当母亲一切都要掌控和代替孩子决定的时候，孩子唯一能决定的就是：吃或不吃。

我们一定要记得：允许孩子爬行探索，不给孩子强制把尿，不强制喂饭，不让孩子总是觉得“有一种冷是妈妈觉得你冷”。过多的控制和否定会剥夺孩子的身体自主感，而没有身体主权意识的孩子，往往既不懂得保护自己，也不懂得尊重他人，容易出现人际交往失调，过度透支身体，甚至成为施暴者或受虐者。

好的人生，要从重新认识和接纳生理自我、增强身体主权意识、学习自我照顾开始。

○ 练习

请你问问自己：从头到脚，我最喜欢身体的哪个部位？最不喜欢哪个部位？为什么？喜欢和不喜欢，给我带来了怎样的影响呢？

03
你是什么角色，圈子告诉你答案

〈 社会自我 〉

什么是社会自我？

打个比方：周一早上，你饿着肚子赶去公司开例会，领导正发言的时候，你的肚子突然“咕咕咕”地叫了几声，你尴尬坏了，赶紧干咳几声想要掩饰，可是肚子跟着又大叫几声，然后你发现对面的同事在窃笑，你用余光偷偷扫了一眼会议室，发现糟了，好像所有人都在笑。结果直到会议结束，领导说的话你一句都没听见，一整天你都觉得很尴尬，觉得大家一定还在谈论这件事情。

其实，类似的尴尬情形几乎每个人都遇到过。为什么同样是肚子叫，在家人面前就会觉得无所谓呢？因为你不能接受的不是肚子叫的自己，而是别人眼中的自己。前者是你的生理自我，肚子叫和打嗝、放屁一样，都是与生俱来的生物属性；后者则从他人的看法和评价、从自己与外界的互动中而来，心理学把它叫作

"社会自我"。

社会自我的发展在 3 ~ 14 岁。3 岁前，我们认识了镜子中的自己，知道了自己的生理性别和年龄，知道了"宝宝肚子饿"；3 岁后，我们开始社会化，开始认识别人眼中的自己，知道了做某些事会得到表扬、做另一些事则会被批评，开始逐渐学会有意识地寻找玩伴、交朋友，学会遵守规则，也开始想"我希望给别人留下什么印象，我想要在团体中扮演什么样的角色"。

我们发现，我们好像是不得不试着去满足父母、老师、朋友对我们的期待，满足不了的时候，就会觉得"宝宝心里苦"。

比如，很多男孩从小只要一哭就会被训斥，被教育说"男儿有泪不轻弹"，于是长大后他们很怕表达自己的真实感受。在一次高管培训上，我请大家用"我害怕"造句，一位男士憋了半天，终于说："我害怕说我害怕。"

也有很多女孩，稍微淘气一下、要强一点，就会被批评"怎么像个男孩一样！女孩子应该文静一点、温柔一点！"于是，她们即使能力再强，职业发展到一定阶段的时候，也突然会发现自己好像被什么东西卡住了，不敢再向前发展。

让男孩女孩害怕的是，他们的生理性别和社会性别之间的冲突。社会以刻板印象和文化，塑造了男性就该"勇敢、坚强、担当重任"、女性就该"温柔、漂亮、相夫教子"的性别角色，对男性和女性期待的差异成了我们社会自我的一部分。

幸好，社会的发展让人们逐渐意识到了社会性别带来的限制和困扰，于是就有了偶像李宇春——她突破了传统社会性别固有的女性角色期待，不被他人的评价捆绑，让自己的社会自我强大起来，与外界积极互动的同时张扬精神的独立，于是圈粉无数。实际上，她圈的是每个人被压抑的社会自我下内在深深的共鸣。

所以很多明星的粉丝团之间常常互掐，像捍卫真理一样捍卫他们的男神女神，实际上，他们真正捍卫的是内心被唤起的社会自我的某种需要。

还记得我们前文提到的小时候穿裙子的男孩吗？虽然他的生理性别是男性，但在家人的期待之下，他的言行举止也越来越女性化，所以整个童年总是被男孩子们排斥和笑话，他也越来越不愿意跟男孩一起玩耍，天天混在女孩圈子里。

每个人都有自己或大或小的圈子，要了解自己的社会自我需要，可以检查一下朋友圈构成，看看哪一类的朋友最多，哪一类的朋友是你最喜欢互动的。一个有趣的现象是：一天中，一半以上的时间都在刷微信朋友圈的人，不是微商，就是社会交往不足、社会自我发展的欲求不满的人。

再回顾一下你发的朋友圈信息，看看哪一类型的内容最多。内容最多的类型，往往对应着你心底最重要的角色。如果大多是工作信息，则很有可能是你的社会自我意识过于强大，过于重视自己的社会属性，而忽略了人之为人的自然属性。时间久了，社会角色过重，可能影响到你的家庭角色的扮演，导致亲密关系里的冲突，也可能产生过劳。

你还可以看看自己是否对朋友圈进行分组来发布信息。分组越细的人，对自我不同角色的认知和印象管理的意识也就越强，说明是一个社会化程度比较高的人；而完全不分组的人，比如我自己，则相对更加率性、随意，安全感也比较高。

如果我们对社会自我的觉察和认识不够，就可能陷入各种各样的困境。过度追星是一种表现，而更多的困境在日常生活里。

一个恋爱中的女孩，倾己所有不停地为男朋友付出，甚至当男朋友提出要和别的女生出游缺钱的时候，刚刚参加工作、领到第一份薪水的她，也毫不犹豫地把钱全部给了男朋友，自己转头向父母要生活费。和许多狗血电视剧演的一样，男朋友最后理直气壮地离开她跟别人好了，理由是："求求你别再对我那么好了，你简直让我透不过气来！"

听起来很气愤、很荒谬是不是？可我想告诉你：男朋友说的是真心话。**关系之中过度付出的背后，其实隐藏着很深的自我否定和攻击**，为了摆脱自己的不够好而拼命讨好他人，结果大家都很累，这是社会自我出了问题。

如果在社会自我的发展过程中，由于家庭、学校或社会的原因导致一个人长期缺乏支持，缺少肯定和积极反馈，这个人就可能出现低自尊、自我评价过低的倾向。低自尊的人，总有不配得感，对人际关系过于敏感，并且可能两极化发展。他们要么通过压抑和讨好来攻击自己，要么以暴力来攻击他人。

很多年前的美国校园枪击案和上海闸北袭警案，记者连线采访我时，我谈到了两个案犯的共同成长经历：一样的单亲家庭，一样是从小被欺负和嘲笑，一样在群体中没有归属感。这不是为施暴者找理由，而是找到原因后避免更多的悲剧发生。近年来被大家广泛关注的校园霸凌现象中，就有不少类似的案例。

社会化程度不高、社会自我发展不够的人，会遇到社会适应和人际交往的难题。他们往往在社交活动中无所适从。有的人，每次和朋友在一起挺开心的，但是私下里又总会琢磨朋友说的某句话是什么意思，朋友背后会不会谈论自己的事，自己哪句话是不是说错了，举止有没有不合适，总会想太多。

最经典的要数契诃夫短篇小说《小公务员之死》里的男主角了，他在剧院看戏时不小心冲着一位将军的后背打了一个喷嚏，便疑心自己冒犯了将军，于是三番五次向将军道歉，最后惹烦了将军，在遭到了将军的呵斥后，他竟然一命呜呼了。

现实生活中这么极端的人很少，但一样有许多人每天活在别人的看法里，患得患失、心惊胆战。

十年前，一个娶了上海太太的外地先生来找我咨询，他说自己患上了“丈母娘恐惧症”，因为自己始终达不到丈母娘理想女婿的标准，所以每天都要看丈母娘脸色，连晚上做梦都梦到丈母娘指着自己的鼻子骂自己没出息。

别人的看法就像个紧箍咒，如何化解？只有一招：接纳自己，活出自己。

“生理自我”部分的练习，找到自己最喜欢和最不喜欢的身体部位，你找到了吗？对于最喜欢的部位，问问自己：你为它做了什么，有没有照顾好它，它有没有帮你更好地与人相处；对于最不喜欢的部位，仔细观察它，轻轻抚摸它，感谢它为你做的一切，接纳它是你的一部分，问问自己：你为它做了什么，它有没有影响到你与他人相处时的自信。

身体的觉察和接纳，是自我接纳的第一步，顺着这一步你可以继续问自己：“除了我以外，还有谁知道我对自己身体的看法吗？我可以坦然地跟十个以上的朋友谈我的看法吗？他们的看法会和我一样吗？”

如果你真的去做这个练习，就会发现：你引以为傲的，可能是他们不以为然的；而你引以为耻的，却恰恰是他们觉得挺好的。

有一个实验，是请人们给自己所爱之人的成功程度打分。结果让每个参与者都泪流满面：原来在爱我的人心里，我的成功程度远远超过我对自己的评价。

另外两个实验也可以帮助我们的社会自我脱离紧箍咒的束缚。

其中一个实验，心理学家在一个人的脸上画了一道比较明显的刀疤，然后让他出去走一圈，等他回来问他：“有人注意到你吗？”他回答说：“所有人都在看我。”但是去询问外面的人，却发现其实很少有人注意到这一点。

总以为别人在注意自己，心理学家把这个现象称作“焦点效应”，意思是：**我们常常高估别人对自己的注意程度，其实人家并没有那么在意你。**这就像拿到合影照片时，每个人第一时间一定是找自己，因为人人都会以为自己是一切的中心，就像前文提过的肚子叫的例子一样。了解到这一点，是不是让你松了一口气？

第二个实验仍然跟疤痕有关，心理学家请化妆师在十位志愿者脸上画上逼真的鲜血和疤痕，然后让他们照镜子并记下自己可怕的“尊容”，接着收走了镜子。之后，心理学家告诉志愿者，为了让疤痕更逼真、更持久，需要在疤痕上再涂抹一些粉末。事实上，心理学家是悄悄用湿棉纱把化妆出来的假疤痕和血迹彻底擦干净了。然而，每一位志愿者却依然相信，自己的脸上有一大块让人望而生厌的伤疤。

志愿者们被分别带到了各大医院的候诊室，装扮成候诊患者，观察和感受人们的反应。实验结束后，志愿者们各自陈述感受。他们的感受出奇地一致，都认为人们对面目可憎的自己非常厌恶、缺乏善意，而且眼睛总是很无礼地盯着自己的伤疤。

这个实验结果，让早有准备的心理学家们也吃惊不小：**原来人们关于自身错误的、片面的认识，竟然如此深刻地影响和改变着人们对外界的感知。由于心中的“疤痕”在频频作怪，才使得他们自己的言行、对陌生人的感受与以往大为迥异。**

我们每个人心中，或多或少都会有一些这样那样的“疤痕”。

这些“疤痕”都会通过自己对外界和他人的言行，毫无遮掩地展现出来。比如，如果我们认为自己不够可爱甚至令人生厌、认为自己卑微无用、认定自己有种缺陷……那么，我们在与外界交往中，一定会在不知不觉间用言行反复进行佐证，直到让每个人都认定我们确实就是那样的人，就像前面案例中讲到的恋爱中的女孩一样。

回过头来检视一下，你的社会自我发展如何呢？你又扮演着哪些角色呢？一个社会自我发展良好的人，能针对不同社会角色表现出相应的责任感，积极阳光，发展出较多的亲社会态度与行为，待人友善，乐于助人。向着这个目标，修正和提升自己吧。

○ 练习

找一找自己心中的疤痕，看看它是如何影响你的社会自我发展的。

04
追随理想还是妥协于现实，如何做好这道选择题

〈 心理自我 〉

如果说生理自我的发展阶段完成的命题是“镜子里的我是谁”、体验到“宝宝肚子饿”，社会自我的发展阶段完成的命题是“别人眼里的我是谁”、体验到“宝宝心里苦”的话，心理自我的发展阶段则要完成“我心中的我是谁”、体验到“宝宝说不出”的苦恼。

什么意思呢？先分享一个我自己的小故事。

30 年前，我读高一。新学期的第一节课，班主任给大家做了一份不同寻常的测试，全班同学做完后都前所未有地兴奋不已。直到高中毕业，这份测试还常常让大家津津乐道，因为它测试的是每个十五六岁的中学生最为关注的话题：我究竟是怎样一个人，我跟谁比较像。

测试名叫“气质类型问卷”，是基于古希腊著名医生希波克拉

底的体液说编制的，包括四个类型：胆汁质、多血质、黏液质和抑郁质。

尽管老师反复强调四种类型没有好坏，而且很多人是混合型的，但被测为“黏液质”的同学还是成了大家的笑点，因为黏液听起来很好笑。于是，这些同学生气了，不仅生其他同学的气，也生父母的气，谁让他们把自己生成了“黏液”呢？有人因此而苦恼，一心想要证明自己并非黏黏糊糊，但真的行动起来，又发现自己好像还真是测试结果显示的那样：安静，喜欢沉思，反应缓慢，灵活性不足，比较刻板，不喜欢新环境，善于忍耐，坚韧执拗，有什么都喜欢藏在心里。

于是，同学们开始体验到“宝宝心里苦，宝宝说不出”。很多人开始把“多血质”作为理想自我的模板，因为听起来又聪明又体面。但老师说：气质类型是天生的，你们别无选择，还是做好自己，发挥优势吧。

于是，理想自我在现实自我面前做了一次妥协，不仅是黏液质的同学，其他同学也意识到了：原来每个人的自我都有理想和现实的两部分，每个人都有不同的性格类型、智力水平、能力倾向、行为模式，以及对未来的不同设想。

这份测试掀起了大家对自己的求知欲，从关注“别人希望我成为什么样”，开始转为关注“我本来是什么样，未来又会成为什么样”。大家开始意识到：要把自己说清楚真不大容易，可能需要一辈子的光阴。

这样的自我概念，就叫心理自我，是指一个人对自己心理属性的意识、情感和评价。它包括对自己感知、记忆、思维、智力、性格、气质、动机、需要、价值观和行为等心理过程、心理状态和心理特征的认知与评价。

从时间来看，心理自我可以分为：过去的我、现在的我、理想的我。过去的我是对以前自己的觉知和评价，比如“以前我是个乖乖女，是邻居口中‘别人家的孩子’”；现在的我是从现实出发，对现实中我的认识，比如“现在的我虽然乖，但是很不开心”；理想的我是从自己的立场出发，认为自己将来应当成为的那种人，比如“以后我再也不想当乖乖女了，我要成为王菲那样有个性的人”。

理想的我是追求的目标，不一定与现实一致，但对一个人的认知、情感和意志行动有很大影响，是行动的动力和参照。

曾经有一位女留学生，因为在国外长期失眠，但又不想让父母担心，所以偷偷地请假回国来找我做咨询。她说，身为工薪族的父母为了她出国借了很多钱，还被一个中介骗走了十几万元，虽然最终她还是出国了，但心里非常不安，觉得欠父母的一辈子都还不清了。其实出国留学是父母的心愿，不是她的，她的理想是做一个普通人，留在父母身边，但现实的她必须努力拼搏、获得成功、报答父母。

带着理想的我与现实的我、父母期待与自我期待之间的冲突，她的生理自我开始生病了，似乎只有生病才能让她找到暂停一下、想清楚再行动的理由。

追随理想还是妥协现实，这是所有人都会面对的问题，也可能要用一辈子去解答。解答的过程，也是一个不断建构心理自我的过程。所以，心理自我的发展阶段，从青春期一直延续到成年之后。

心理自我发展过程中，关键词之一是自我认同，包括身份的认同、性别的认同、角色的认同等。

假如自我认同出了偏差，日常的生活就会出现各种问题。

前文提到的小时候穿裙子的男孩，整个小学时代，他过得都不算糟，虽然男孩不跟他玩，但他交往了不少女生小伙伴，而且因为学习好、不捣乱，也成了老师们的宠儿。他开始看不起男孩们，认为他们粗鲁、愚笨、不精致。到了中学阶段，当家长们都在担心孩子早恋的时候，他突然发现：自己跟女孩在一起就像闺密，完全没有想过要和她们谈情说爱；反倒是来实习的物理男老师，白白净净的，举止文雅、谈吐不凡，完全不像其他粗鲁的男孩，让他很有亲近的欲望。

你可能会说：我早就猜到了，肯定是同性恋呀！

我们谈到过生理性别和社会性别，这里再增加一个概念，心理性别。就像这个男孩一样，因为家庭的不当养育方式，让他从小在性别的认同上产生了错觉，认为自己应该像女孩一样。不过，这并不等于他的性取向也必然同时发生改变。所以，你只猜对了一半。事实上，男孩对物理老师的喜爱，是青春期假性同性恋的表现，他只是把对自己的喜爱投射到了物理老师身上而已。

他的故事还没完，到了大学，他遇到了一个强壮、高大、雷厉风行的女孩，女孩疯狂地追求他，他半推半就地尝试着交往，结果发现：自己原来对异性并不排斥。

你肯定会有这样的困惑：怎么？这样的人还不会成为同性恋吗？

的确如此，心理性别认同的错位并非必然导致同性恋，但有可能成为双性恋者或者跨性别恋者。实际上，我们最终恋上的都不过是一堆特质。一个女性化倾向的男性，只要遇到男性化倾向的女性，一样可能发生正常的恋情。

这个男孩来找我咨询，就是为了弄清楚：自己到底属于哪一种情况？是不是有病？

我们一起分析探索，确认了男孩心理自我的性别角色认同是女性，所以他的言行举止、生活行为习惯都以女性的心理角色来表现，但他从未打算做变性手术，渴望的恋爱对象依然是有理想的男性特质的人。所以准确地说，他属于跨性别异性恋者。

男孩舒了口气，说搞清楚自己，就好办多了。我问他是否接受这样的自己，他说不但接受，而且喜欢。

这个案例听起来会不会有些烧脑？其实，我之所以用那么多篇幅来详细描述它，只是想让你明白：在心理自我层面，外界的影响可能导致我们成长方向的改变，但最终能否过好一生，则取决于我们是否真正认识了自己、接纳了自己。

我曾经教许多家长通过绘本阅读来进行亲子共同成长。读新西兰绘本《我喜欢自己》时，我问现场的家长们喜不喜欢自己，多数人的回答是："如果我再成功一点、再开朗一点、再富有一点……我就会更喜欢自己。"几乎所有的父母都表示，喜欢孩子胜过喜欢自己。

可是，假如父母并不真的接纳和认同他们自己，孩子又怎么能得到真正的接纳和认同呢？那么孩子收到的信息也一定是："如果我再乖一点、成绩再好一点……我就会更喜欢自己。"

一个人如果只喜欢成功的自己，就会处处要强，认为自己不能失败，容易罹患抑郁症。一个人如果只喜欢被人喜欢的感觉，就会不断在不同的关系中去寻找肯定。对他来说，只有得到别人的崇拜或特别的喜爱才会觉得自己是有价值的，于是他可能会频繁地出现外遇。

自我意识从生理自我到社会自我再到心理自我的发展过程，也可以看作一个人从家庭认同、社会认同到自我认同的发展过程。只有自我认同良好的人，才能够发展出不低不高刚刚好的自尊，更好地生活和工作。

○ 练习

拿出在"自我表达"部分的练习，也就是你的现实自我和理想自我的自画像，在其背面分别写 5 个以上的形容词，来形容一下这两个自己。

05
人生就是练习，教你探索自己

〈 彩蛋 〉

这是一位叫作“职场菜鸟”的朋友的来信。

我感觉自己已经湮没在这大城市的浪潮中，更是因为过惯了这种类似于复制的生活，而感觉自己彻底变成了工作的傀儡，失去了生活的斗志。虽然明白自己每天挤着人满为患的公交，忍受着一个人在大城市漂泊的孤独，不应该就此停滞和倦怠，否则所有的付出都失去意义，但是我感觉这不只是我一个人的问题，而是许许多多奋斗在一线城市的年轻人共同的烦恼。我们该怎样在工作中，或者是在工作之外找到自己的价值，实现自我增值呢？

“职场菜鸟”烦恼的，也正是我们这一章抽丝剥茧在探讨的，我是谁？我为什么要孤独地漂泊在人流中？想要努力，可是怎么走着走着就失去了动力？人海之中，自己的位置和价值在哪里？

怎么才能更好地认识自己？现在，请打开你在第一个练习中的自画像，给自己多开一扇窗。

我们先看第一幅：现实自我。

（1）看表现形式。

如果你画的是写实的人像，说明你的自我开放度较好，生理自我的存在意识完善，自我探索的意愿也比较强；如果你画的是漫画人像或抽象人像，则你内心可能有较强的防御，喜欢隐藏真实的自己，对自己的感知更多停留在心理自我层面。

（2）看画像大小。

如果画像非常巨大，你要检查一下自己的社会自我和心理自我有没有过度膨胀或以自我为中心，自制力是否有待提升；如果画像很小，则说明你比较缺乏安全感，自我在各个层面上都有些拘谨、压抑和退缩，缺少生命力。

（3）看头部大小。

头大表示心理自我层面对自己的智力评价较高；头小则可能自信心不足，在人际交往及性方面会存在困扰。

（4）看五官。

没有五官或五官模糊，说明人际交往中自我防卫较多；过分强调五官，则可能存在攻击性；眼睛占比大，说明爱幻想、不切实际，比较自恋；鼻子占比大，则表明有主见，生理自我的欲望尤其是性欲旺盛；强调嘴巴，说明渴望表达；嘴巴紧闭或没有嘴，则表示拒绝沟通或情绪低落；强调耳朵，说明对批评很敏感；如果没画耳朵，则可能很少倾听别人的意见。

（5）看头发。

如果头发又多又浓密，说明烦恼多；头发很少甚至没有，则说明体力不足，对自己身体不够认同。

（6）看身体。

如果肩膀很宽很有棱角，意味着喜欢担当重任、好胜心强、容易发生人际冲突；如果肩膀过于瘦小，则意味着自卑、无力承受压力；如果胳膊粗壮有力，通常表明行动力强，自控力也较强，反过来则比较弱。

（7）看手部。

假如没有手，表明实践能力较弱；断手或者涂黑的手，则意味着内心藏着焦虑和罪恶感；手握拳，意味着攻击性；手指又长又细，则是情绪化、神经质的表现。

（8）看腿与脚。

没有脚，表明不稳定，或缺乏准确的定位；腿脚越有力，越说明能脚踏实地，自我定位也越清晰。

（9）看是男生还是女生，是否跟你的生理性别一致。

如果正好相反，则说明你在性别的心理认同上与生理性别正好相反。

还记得我们在前文提到过的那个画了一男一女两个自己的女孩吗？她来找我，因为她无法接受自己的同性恋身份。长相美丽的她，却从小就讨厌自己的女儿身，因为爸爸经常打妈妈和自己，她天天都渴望变成一个男孩，这样就有力量来对抗爸爸、保护妈妈和自己了。她想试试变性手术，又害怕妈妈伤心；想改变自己的性取向，又觉得无能为力。

这是一个令人心疼的故事。女孩画完现实的自己后，想了很久，才开始画理想的自己，就好像是在做一个抉择。画好后她并没有立刻拿给我，而是端详了好久才长吐一口气说："我没想到我还是把自己画成了女孩……我只是希望她更有力量。也许，我把相处过的女孩都当作了弱者，希望保护她们，而不是真的恋爱，所以才会矛盾……"

现在，我们来看第二幅：理想自我。

理想自我和现实自我有什么不同呢？要成为理想的自己，你可以做些什么？有哪些部分是无论你如何努力也改变不了的？如果改变不了，你愿意接受现实的自己吗？

2007 年，我应《财富人生》栏目组的邀请，在确认当事人也愿意测评和公开分享的情况下，为当时"80 后"创业的明星人物茅侃侃，做了一次远程的自我探索测评。测评的第一个部分，就是自画像。侃侃给自己的自画像取名"苦苦的咖啡"，透过画像，我解读到他内心丰富的情感体验和不为人知的冲突、无助与苦恼，建议他多向亲近的人表达，也建议周围的亲友更多关注他的内心变化。

遗憾的是，侃侃十年后选择了离开这个他曾付出努力与爱的世界。在此，希望你和我一样心怀敬意和感激，感激他以自己的生命故事提醒了更多年轻人：向外努力的同时，一定也要关注自己的内心。

○ 练习

除了自画像，你还可以试试下面的练习。

1. 分别用“一个形容词加一个名词”的词组结构，来给自己的现实自我和理想自我起一个名字，看看这两个名字对你来说意味着什么。

2. 用 20 个“我是……”造句。

（1）你写下的第一句是什么：如果写的是“经理”“程序员”或“学生”等，说明你的社会自我意识比较强，看重工作或学业；如果写的是“儿子”“妈妈”“丈夫”或“妻子”等，说明你更看重关系中的自己。

（2）你写下的最多的是什么：如果更多是关于过去或未来，说明你对当下的自我有较多不满和逃避；如果更多是关于现在的自我，但用了不少负面消极的形容词，说明你的自我评价过低。

（3）你写下的所有描述中，哪些是你喜欢的自己，以及不喜欢的自己和想要改变的自己：把喜欢的自己和不喜欢的自己，告诉身边值得信任的五个亲友，听听他们的反馈；把想要改变的自己单独列在一张纸上，对应每一条，写下自己为了改变的发生做过些什么，还打算做些什么。

（4）统计一下，20 个“我是……”中，关于生理自我、社会自我和心理自我的描述，哪一类最多、哪一类最少。如果生理自我和社会自我较多，说明你比较在意自己在别人面前的印象；如果心理自我较多，则说明你是一个很内省的人。

所有练习都是你成长的心路历程，请你保留下来，在将来的某些时刻，你仍然可以拿出来，看看有什么新的领悟和发现。

CHAPTER TWO

第 2 章

揭开我，哪个面具下的我更受欢迎

〈 乔哈里窗 〉

06
如何借助自我暴露，拉近与他人的距离

〈 公开我 〉

我们可以借助一个有名的心理学工具来进一步了解自己。这个工具叫“乔哈里窗（Johari Window）”，是由美国社会心理学家乔瑟夫·鲁夫特和哈里·英格汉在1955年提出的。

如果说一个人的心灵和内在自我就像一扇窗户，可以分为上下左右四个部分的话，乔哈里窗把这四个部分分别命名为：自己知道、别人也知道的“公开我”，自己不知道、别人知道的“盲目我”，自己知道、别人不知道的“隐藏我”，自己和别人都不知道的“未知我”。

	自己知道	自己不知道
别人知道	公开我	盲目我
别人不知道	隐藏我	未知我

仔细想想，我们每个人身上都有这四个部分的存在，每一部分大小不同，呈现出来的自我认知、行为举止和他人对自己的看法等也就各不相同。

有一位女大学生来咨询人际关系的问题，她的苦恼是：自己是个耿直真实、不屑于花言巧语的人，一腔热血对待他人，却总是好心没好报，不断被人误解和排斥。同宿舍6个女孩，其他5个一起吃饭逛街，从来不叫自己。她气愤地说："这世道太乱了，人人都喜欢阿谀奉承，假得很，容不下我这样的人！"

我问她："你觉得自己耿直、真实、热心肠，可周围的人好像并不这样想？"

她说："对呀！她们觉得我多管闲事，还说我总是出口伤人！"

我递给她一张空白的乔哈里窗，请她把"耿直、真实、热心肠"和"多管闲事、出口伤人"分别填在合适的位置上。她咬着笔头想了半天，抬头问："我应该把耿直、真实、热心肠填在哪个部分呢？好像我知道，别人不知道？"然后她接着自言自语，"这样来说的话，她们认为我多管闲事、出口伤人，也许就不能算是误解，只能说也许她们知道而我自己不知道？……"

很多时候，我们自己眼中的自己和别人眼中的自己差异很大。

你眼中的自己可能很善良，可别人却看到你对亲近的人很绝情；别人眼中的你可能幸福无比，你却知道自己一直在假装和隐忍，活在自己的人设里……

有的人为了不让自己陷入人设崩塌的困境，一直活得紧绷绷的，脸上挂着笑容，心却离真实的自己越来越远，甚至发展为隐匿性的抑郁。

想要在人际交往中更加顺畅自在地做自己，可以通过乔哈里窗来认识和调整自己的四个部分。

这里，我们先来了解乔哈里窗左上角的“公开我”。

顾名思义，“公开我”属于公众领域，因为人的社会性，在与社会、他人互动的时候必须要展示出来一些信息，包括生理性别、形象外貌、职业学历、工作生活所在地、能力、爱好、特长、成就等，相当于每个人履历表上的那个我。

“公开我”的大小取决于自我开放和自我接纳的程度、个性张扬的力度、人际交往的广度、他人的关注度，以及开放信息的利害关系等。“公开我”是人际交往中彼此相互了解和评价的基本依据，在安全和善意的范围内，这个部分内容越丰富，就越容易消除人与人之间因为认知的差异带来的误解或猜疑。

十年前，一位著名的民营企业家请我去给他的管理团队做变革管理培训，因为他刚刚经历了一场人事“地震”——原来的高管因为受不了他的火爆脾气而集体离职，他空降了一批高管来，但团队人心不稳、冲突频频。

为了扩大团队“公开我”的部分来促进变革中的融合，我请

40多位受训者根据性格的自我评价，按照内向和外向分别站成两个圈。受训者很快分别站好了，接着就听到外向组的人集体向内向组里的一个人大嚷："不可能！你站错了！你怎么可能是内向?！"

这个人正是这位企业家。我问大家："为什么他就不可能是内向呢？"大家说："因为他一开口就骂人呀！"企业家站在原地，沉吟了一阵，然后深深地吸了口气，鼓足勇气一般地说："我骂你们，其实是因为我内向到不知道怎么跟别人好好说话。从小到大，我一跟别人说话就紧张。"

那一刻，全场顿时安静下来，原来躁动不安、剑拔弩张的气氛突然变得柔和放松起来。我知道，那是因为企业家勇敢坦诚地公开了自己的性格弱点，触动了每个人的内心，让原本冰封僵硬和对立的上下级关系有了流动的空间。

企业家的主动公开，带动了所有的受训者，在接下来的活动里，每个人都开始敞开心扉探讨自己的困惑、担忧及对未来的期待。

那一场培训，我感动至今，因为不是每一个团队的最高领导都有勇气通过自我暴露来扩展自己的"公开我"，而领导越有勇气将自己知道但别人不知道的自己展示给团队，团队越能够获得关系中的安全感，也越有勇气真诚以待，发挥更好的战斗力。

自我暴露，也叫自我开放，是心理咨询的技术之一，也是增进和改善人际关系的重要方法之一。它是一种特殊的沟通过程，是指将自己内心的感受与信息跟他人分享。

为什么要分享呢？因为“公开我”是认识自我、展示自我的最便捷的途径，是了解自我、评价自我的基本依据。适当地扩大“公开我”，可以帮助我们和他人更好地认识自己，从而更好地相处、更好地获得资源和支持。“公开我”过小，在工作、朋友、恋人等不同的关系中容易产生误解等各种问题，适当地扩大“公开我”有助于我们维持并发展良好的人际关系。

自我暴露，分为描述性暴露与评估性暴露。

描述性暴露，指的是向他人透露有关自己的一些事实，例如，职业、地址、电话等；评估性暴露，则是透露个人的意见和感受，比如，自己对事物的喜好与否等。当关系处在初始阶段或者比较浅的时候，可以使用描述性暴露；当关系深入的时候，则可以有越来越多的评估性暴露。

	自己知道	自己不知道
别人知道	公开我 （自我暴露）	盲目我
别人不知道	隐藏我	未知我

你可以通过自我暴露，真诚地与他人分享感受，或将别人原本不知道的关于自己的事告诉别人。自我暴露后，自己知道别人不知道的“隐藏我”区域就会因此变小，“公开我”的区域则会扩大。

你也可以主动对他人表示兴趣，引导对方自我暴露、打开心房，扩大对方的“公开我”区域。比如，林紫机构有一个传统的自创游戏，每当有新人加入时，大家就会围着新人坐成一圈，然后每个人自由地向新人询问自己想了解的问题，但前提是提问的人必须先自己回答这个问题。比如，如果你问：“你有没有男朋友？”那么，你得先介绍自己的婚恋情况让新来的小伙伴了解。每个人都很喜欢这个游戏，因为它让新人感觉到安全放松并且被关注，不知不觉间就融入了原本陌生的团队；同时，也让“老人”很快地了解到新同事的喜好特点，让团队整体的“公开我”更壮大，减少了误解、冲突发生的概率。

要想学会恰当的自我暴露，你可以练习一种重要的表达技巧：把“你句式”变成“我句式”。也就是说，人际沟通中少用“你”开头的句子。因为用“你”开头，容易带给对方威胁感。比如，“你这话是什么意思？”“你怎么迟到了？”“你想说什么？”而人在感受到威胁的时候，会很本能地想保护自己，甚至产生防卫，想要进一步沟通就会有困难。

而以“我”开头，表达自己的感受、意见，或者期待的讲话方式，可以避免让对方感受到被攻击，从而能够接收到你真正想要表达的信息，并清楚你期待的是什么。比如，“我很想知道，你说的话是想要表达什么呢？”“我很希望你能准时出席，所以你的迟到让我有些失望。”

自我暴露用得好，可以促进关系的发展，用不好则适得其反，

让自己和别人都不舒服。所以，需要注意以下几点。

首先，自我揭露需要循序渐进。对新认识的朋友及关系比较浅的人，“交浅言深”是不恰当的，可能会给建立关系带来相反的效果；而如果想要进一步加深关系，则需要深入的自我暴露。比如，已经认识很久的人，见面却还是只聊“今天天气怎么样”，就会让对方感觉你拒人千里、把自己包裹得太紧。

其次，自我暴露不是要毫无保留。我们要适当地扩大“公开我”，也要知道适度地保留自我是正常的心理需要。

另外，“公开我”的区域并不是越大越好，“公开我”过大，会令人缺乏安全感，可能带来关系的断裂甚至更大的伤害。比较极端的例子是网络上的“人肉”的情况，当一个人的“公开我”被互联网上几乎所有人都知道时，会让当事人生不如死。

意大利电影《完美陌生人》，对“公开我”做了一个极致的实验。

三对处于各个婚姻阶段的伴侣和一个宅男，在聚会上玩起了一个游戏：把手机放在桌面上，公开当晚每个人手机里收到的每一条短信、邮件，每一个电话。每对情侣之间或大或小的问题和矛盾开始逐一暴露：婚姻的“七年之痒”、中年危机、丁克问题、社会对同性恋的接受程度等。当一切隐私都不再存在，“公开我”达到极致时，关系开始失控，大家最后几乎全线崩溃。所以，适度的自我暴露，是对自己的保护，也是对别人的保护。

在这里，特别提醒年轻的爸爸妈妈们：千万不要做大喇叭，随意公开孩子不愿公开的事情。爸爸妈妈们可能都有这样的体验，每当兴高采烈地想要分享一些孩子的趣事时，身旁的孩子可能会突然很着急地说：“不要讲，不要讲！”

我的女儿小圆子也是一样的反应。第一次发生这样的情况时，我就马上乖乖地闭嘴，然后真诚地向她道歉，从此以后每次想要谈到她时，我都会先问她：“妈妈可以讲吗？”别小看这句话，这句话不仅可以让孩子感受和学习到界限、平等与尊重，更可以帮助孩子了解：她有权力决定在多大程度上展示自己的“公开我”。

另一种情况是，你虽然已经老大不小，但父母、亲戚还是喜欢刨根问底，想要强行让你公开自己的全部信息。比如：每次回家，他们都要从“挣了多少钱”一直问到“你和男朋友那次为啥吵架”，你不想说，他们就会使出撒手锏，说“都是一家人，你还藏什么秘密呀”，让你很无奈。

这个时候，关于描述性暴露和评估性暴露的分类就可以派上用场了。你不需要描述你不想谈论的信息，但同时可以很真诚地告诉他们：“我能感觉到你们非常关心我，想了解我，同时，我也感觉有些压力，我希望我们先换个话题轻松一下，以后合适的时间再聊这些好不好？”

乔哈里窗展示了关于自我认知、行为举止和他人对自己的认知之间在有意识或无意识的前提下形成的差异，它将人的自我认知分割为四个范畴：一是面对公众的自我塑造范畴，二是被公众获知但自我无意识范畴，三是自我有意识在公众面前保留的范畴，四是公众及自我两者无意识范畴，也称为潜意识。

自我塑造的“公开我”，很好地展示了自我认知和他人认知之间的差异，通过调整和改善自我与他人之间的互动关系，进而改善工作气氛、提高工作效率。

无论是工作领域还是生活领域，乔哈里窗都可以帮助我们更好地了解自己。

○ 练习

分别采访一个家人、一个朋友、一个同学、一个同事或邻居、一个领导或老师，记录他们眼中的你，画出其中他们知道你自己也知道的部分，也就是你的“公开我”。

07
如何借助他人看清自己，不当局者迷

〈 盲目我 〉

有一次，一对夫妻来做咨询，原因是丈夫觉得妻子太强势、不尊重自己，自己过得太压抑，想要离婚，而妻子觉得自己已经够温柔够尊重他了，是他自己太“作”，想要通过咨询来让丈夫意识到错在他、不在自己。

我请两个人分别谈谈婚姻中的感受和看法。妻子优雅地跷着二郎腿坐在丈夫对面，条理清晰、有理有据地长篇论述之后，目光逼视着丈夫说：“该你说了！你说呀？平时你说我不尊重你，现在尊重你让你说，怎么又不说了？”妻子一边说着，一边用穿着高跟鞋的脚尖指向丈夫、不耐烦地隔空踢了几下。

这几下，让我看见了丈夫无从言说而又无处不在的苦恼。妻子的脚尖暴露了她不曾意识到的自己——对丈夫的不屑感、对关系的操控欲，以及上对下的沟通模式。正是这些，让丈夫感觉到了强势和不被尊重，而妻子却浑然不知。

自己不知道而别人却知道的部分，在乔哈里窗的右上角，叫作“盲目我”，也叫作“背脊我”，属于“当局者迷、旁观者清”的状态。

我们每个人都有这样的“盲目我”存在，比如一些细微的神态和情绪，如果别人不告诉我们，我们可能永远觉察不到。我自己就有这样的体会——当我陷入沉思或者特别认真地做一件事的时候，表情会变得很严肃，跟平时面带笑容的样子完全不同。如果不是小伙伴问我是不是生气了，我可能永远都不知道。再比如，有的人一直觉得自己很谦虚，但一旦面临批评或不同意见就急于辩解，这时别人看到的他的心理特征和他自己看到的也不一样。

盲点可以是一个人的优点或缺点。因为之前完全不知道，所以当别人告诉我们时，特别是听到与自己的初衷或想法不相符的情况时，我们感到惊讶很正常，但如果总是怀疑“我有你说的那么好吗”，或者总想辩解“我没有你说的那么糟”，就需要检查一下自己的自我意识了。

有一个天生颜值很高的女孩，前后整容三次，但仍然觉得自己的鼻子是歪的，出门都要戴着口罩。

她的家人、朋友和医生越是跟她说没问题，她越是觉得有问题；其他人越是夸她美丽，她越是觉得自己很丑陋。

这样的故事，在医院整形科每天都会上演，医生们面对莫名的否定和挫败也苦不堪言。其实，这是一个人的自我意识生病的表现，叫作“体相障碍”，也叫“躯体变形障碍”。

更多的人，没到生病的状态一样有不舒服的感觉。一个朋友留言说：“不管是朋友、家人还是陌生人，但凡有称赞或是表扬，我都会微笑着和对方说谢谢，看起来一副宠辱不惊的样子，但是心里一直不停地有一个声音说，这些都是假的，他们只是客气，或者他们只是安慰我。我从来都不相信他们的称赞是真的。”

也许你很难想象这一点：害怕赞美的人比害怕批评的人更多。怕赞美是因为习惯了自我贬低和自我攻击，而自我攻击比他人的攻击更能击毁一个人。

这里教给你一个小技巧，用来缓解被赞美时的不自在——把你心里的声音播放出来，告诉赞美你的人：“我可能没有你说的那么好，但真的很感谢你告诉我这一点。你看见我的好，是因为你的好。”

同样，如果你发现自己“接受不了批评，哪怕是善意的提醒也会让自己炸毛；听不进别人的意见，就算知道别人是善意的也会记仇；知道不应该，又控制不住自己”的话，你可以学着说：“谢谢你告诉我，让我知道原来你是这样看我的、这样理解这件事的。”

我常打一个比方：把自己看作一幅拼图，拼图的每一块分别被每一个认识我们的人收藏着，那些赞美或批评我们的人，就是无偿贡献出他们手中的拼图模块帮助我们看见更完整的自己的人。

这样想的时候，我们不但可以减少不安，还会发自内心感恩这些帮助我们的人。

“盲目我”的大小与自我观察、自我反省的能力有关。通常，内省特质强、喜欢自我探索的人，盲点比较少，“盲目我”也比较小。

如果你愿意把别人当作了解自己的镜子和尺子，无论赞美还是批评，都用心聆听，将它们当作扩展自我认知的机会，不急于辩解、不固执己见的话，自我盲点也会越来越少，就能更清晰地认识自己。

假如对“盲目我”被“揭露”感到不安或不能完全认同，可以告诉自己：让我不舒服的不是“尺子”，而是我自己的局限性。不断扩展局限，人生之中不舒服的感觉就会越来越少。

还有一种“盲目我”过大带来的困扰。

一位刚刚毕业的大学生，先后参加了很多大公司的面试，觉得自己每次都对答如流、侃侃而谈，加上自己一贯积极努力，所以收获两三个offer应该没有问题。他甚至还在心里模拟了一下被几个公司争抢的场景。可惜的是，最后竟然一个offer都没有收到。

事实上，如果他有机会听到面试官的反馈，一定会知道，问题恰恰出在“对答如流、侃侃而谈”之上。在他看来，那是自己自信满满的表现，而面试官的评价则是：倾听能力不足、过度以自我为中心。

需要提醒大家的是，面对别人的“盲目我”，我们在表达的时候需要友善、谨慎、有选择和自我保护。

- 友善，是揭示对方的“盲目我”，是为了鼓励或帮助对方，而不是为了满足自我显示的欲望。
- 谨慎，是要注意保护对方隐私，在考虑对方的承受力、理解力的同时，注意表达的环境不会给对方带来压力或伤害。
- 有选择，是指要避开一些性格孤僻、偏执、爱钻牛角尖的人，也要避开那些刚刚经历了人生重大事件、情绪波动大的人。
- 自我保护，是指跟别人讨论对方的“盲目我”时，无论谈的是优点还是缺点，是正向的还是负向的，在保护对方的同时，都一定要记得保护自己。

2018年发生的中科院研究生被高中同学刺杀事件中，我们多么希望受害者当年在善意规劝施害者的时候，能够更多观察和了解施害者当时的心理状态，选择私下单独表达或者不表达，这样的话，或许可以避免后来的伤害和悲剧发生。

“盲目我”，不仅个人有，整个人类的不同发展阶段里，其实也有共通的“盲目我”存在。地心说时代，人类认为自己是宇宙的中心，充满自大情结，直到日心说的出现才拓展了人类的视野；进化论时代，人类认为自己处于动物进化的高级阶段，是最智慧的物种，直到暗物质、暗能量、黑洞等概念的出现，直到霍金预言未来世界属于人工智能和外星人，人类婴儿式的全能自恋才逐渐被破解，开始在更大层面上看待自我、看待外界、看待他人。

这样的过程，就是自我疆域不断扩展的过程，它很美妙，希望你也能领略到其中的乐趣，透过他人和世界，更好地认识你自己。

08
渴望又害怕与人连接，你在回避什么

〈 隐藏我 〉

我这 20 多年的工作，除了一对一的心理咨询，还包括带领各种主题的团体辅导，把一些有同类困扰的人集中起来共同探讨和解决问题。其中，带领人际关系团体最有意思。

和其他团体不同，人际关系团体的成员第一次见面时，大家都低着头，没有一个人愿意主动跟别人打招呼。经过第一轮的破冰、信任关系的建立和团体契约的形成，大家才会慢慢开口介绍自己，分享心路历程。

而每一次都会有人说："我觉得其他人看起来都很优秀，不像是有人际关系困扰的。"尤其当团体成员里有戏剧学院的学生、航空公司的空姐时，大家的反应就更加强烈了，他们甚至怀疑说："他应该是来体验生活的吧？那么完美的人，怎么还怕跟人打交道呢？"

被怀疑的人，这时候往往会苦笑一下，说："这正是我苦恼的原因。总有人说我很高傲、拒人千里，其实他们不知道，所谓的高傲是假装出来的，是为了掩饰内心的紧张、害怕，还有深深的不安。好像没有人相信我也会有这些感觉，他们总觉得我应该是完美的，所以我很孤独，渴望交朋友，但又特别害怕跟别人走得太近。”

活在他人完美的想象和期待中的人，通常都会很累，因为要用尽全力来维护完美的形象，生怕真实的自己让别人失望。这很像心理学里经典的现象：鸟笼效应。

1907 年，心理学家詹姆斯和他的好友物理学家卡尔森打赌。詹姆斯说：“我一定会让你不久就养上一只鸟的。”卡尔森不以为然。没过几天，卡尔森生日，詹姆斯送给他一只精致的鸟笼。

从那以后，只要有客人来访，看见书桌旁那只空荡荡的鸟笼，无一例外都会问：“教授，你养的鸟什么时候死了？”卡尔森只好一次次地向客人解释：“我从来就没有养过鸟。”然而，这种回答每每换来的却是客人困惑而有些不信任的目光。无奈之下，卡尔森只好买了一只鸟，最终落入了好友詹姆斯的“圈套”。

詹姆斯把这种现象叫作“鸟笼效应”，又称“鸟笼逻辑”，是人类难以摆脱的十大心理之一。它本意是说，人们会在偶然获得一件原本不需要的物品的基础上，继续添加更多与之相关而自己不需要的东西。

而我从中看到的是：与其说我们是被物品异化了，不如说是别人的期待异化了我们。当别人认为我们应该完美的时候，我们会不由自主地朝着完美去努力，越来越想要隐藏真实而不完美的自己。

这样的隐藏越多，“隐藏我”也就越大。**“隐藏我”越大，我们在人际交往中就越小心翼翼，把自己包裹得像一个装在套子里的人。**

“隐藏我”在乔哈里窗的左下角，也叫“隐私我”，是自己知道而别人不知道的部分，与“盲目我”正好相反。它包括个人隐私和秘密，是不愿意或不能让别人知道的事实或心理。身份、缺点、往事、疾患、痛苦、窃喜、愧疚、尴尬、欲望、意念等，都可能成为“隐藏我”的内容。

相比较而言，心理承受能力强的人、隐忍的人、自闭的人、自卑的人、胆怯的人、虚荣或虚伪的人，其“隐藏我”会更多一些。

适度的内敛和自我隐藏，给自我保留一个私密的心灵空间，避免外界的干扰，是正常的心理需要。没有任何隐私的人，就像住在透明房间里，缺乏自在感与安全感。

但是“隐藏我”太多，“公开我”就太少，就好像给心灵筑起了一座封闭的城堡，无法与外界进行真实有效的交流与融合，既压抑了自我，也令周围的人感到压抑，容易导致误解和曲解，甚至错失机会。如果我们想要更好地探索自我，就不能只停留在“公开我”的层面，还应该直面“隐藏我”的秘密和实质。

适度地将一部分“隐藏我”转化为“公开我”，可以促进人际关系的发展，就像前文提到的那位企业家。

现实生活里，很多人不敢暴露真实的自己，往往是因为心存恐惧。

第一种恐惧，是害怕亲密关系。

这样的人喜欢在别人面前保持神秘感，试图用神秘感来营造若即若离的关系状态，从而避免亲密关系带来的焦虑。他们潜意识里的自我独白往往是：没有亲密，也就没有伤害。他们防御性地掩盖自己，却忘了**健康的人际关系是在适当的自我揭露及相互反馈之间取得平衡的。**

第二种恐惧，是害怕被拒绝。

这样的人缺少自信，或者本身有完美主义倾向，担心自己的某些部分别人会不喜欢，因此遮遮掩掩不愿让别人知道。事实上，人无完人，而且所谓优点和缺点都是相对的，人们真正拒绝和排斥的是不真诚而非不完美的人，适度的自我暴露反而可以拉近关系的距离。

心理学家安德森（N.H.Anderson）在 1968 年进行的一项研究中，将 555 个描写人个性品质的形容词列成表格，让大学生们指出他们所喜欢的品质。统计结果表明，评价最高的人格品质是真诚，而评价最低的人格品质是说谎和虚伪。了解了这一点，会不会让你放松一些呢？

第三种恐惧，是害怕社会不赞许。

这样的人，会认为自己身上有一些不被社会主流价值观接纳和认可的东西，因此不愿让别人知道，比如同性恋。建议这样的朋友选择具有相似性的人来分享和袒露，以免自己陷入孤立无援的境地。

第四种恐惧，是害怕弄巧成拙。

这样的人通常比较内向，不善于交际，不知道怎么把握人际交往的分寸和距离，更不敢向别人袒露自己。如果你属于这种情况，建议你先从自己最信赖的亲近者和最无关痛痒的陌生人开始练习自我暴露，亲近的人会让你感到被理解，陌生人则会让你慢慢具备暴露的勇气，找到自我保护和暴露之间的平衡点。

其实，所有不敢暴露真实自我的背后，都有一个共同的原因，就是不接纳自我。因为自己不接纳，所以也认为别人无法接纳。比如有的人特别害怕别人知道自己不是独生子女，或者害怕别人知道自己来自农村或者小城市，等等。这样的人，内心普遍缺乏安全感，会把自己重重包裹，唯恐他人了解自己之后陷自己于不利。

教给大家一个安全的自我暴露的方法：当你觉得开放“隐藏我”的某些信息不够安全时，可以选择只开放自己这方面的感受、习惯等，而不是信息本身。比如你可以说：“这个话题让我感到紧张，我比较习惯自己思考。”

也许你会问：为什么要缩小“隐藏我”呢？

原因在于：客观自我和主观自我是有差别的，缩小“隐藏我”，有助于更好地了解客观自我。通过了解客观自我，能更清楚别人怎么看自己，从而更好地了解自己。

“隐藏我”有时候会在不经意间暴露出来。我曾经作为特邀专家参加一些外企的校园招聘活动。活动现场，我会通过特别设计或挑选的心理测试来帮助企业和同学们更好地相互了解。

有一次，某企业招聘储备干部，一位硕士研究生在前面几个常规招聘环节中表现优异，成为三位候选人之一。最后一个环节，是一个心理投射测验，我请三位候选人看图编故事。

图上有一只猫和一群小鸟，第一个候选人编了一个童话故事，说的是小猫让小鸟教自己飞翔；第二个候选人编了一个励志故事，说的是小鸟们为了不让同伴被小猫抓走，相互如何协作；轮到这位研究生时，他说："这是一个谋杀故事，小猫不但没有抓住小鸟，最后反而被小鸟们啄死了，血迹斑斑。"全场哗然，我的心顿时揪了起来。我告诉企业主考官，我需要跟这位候选人单独面谈。

我们到旁边的房间坐下，我问他是什么让他想到编这样一个故事，他说想要与众不同。我告诉他，我有些担心他，也希望帮到他，在保密的前提下，如果他愿意的话，可以告诉我日常生活里有没有什么人或者什么事让他感到压抑和愤怒，有没有想到过死。他呆住了，迟疑片刻点头说："是的，老师，你怎么知道的？"

我知道，不仅因为我的专业经验，还因为：**真实的自我往往最终是无从隐藏的，它早晚会在合适的时间大白于天下。**

既然如此，不如直面。

不过，"隐藏我"并非越小越好。比如，在对同性恋不友好的社区里，选择隐藏自己的同性恋身份是必要的，可以为自己省去很多不必要的麻烦与压力。再比如，夫妻之间，虽然要坦诚，但也有必要保留一定的隐私空间。

我的母亲曾经告诉我一句老话：“朋友面前莫说假，夫妻面前莫说真。”开始我完全不能理解，更不能接受，直到做了大量婚姻咨询之后才明白：夫妻之间，比说真话更重要的是，知道在哪些方面无话不谈、在哪些方面适度保留，从而让双方都感觉到爱和被爱。

比如，妻子买衣服的时候问丈夫：“好看吗？”丈夫如果实话实说：“不好看。”两人就可能大吵一架，因为妻子往往会把丈夫的真话解读为“在你眼里我不好看”。如果丈夫说：“老婆喜欢就好！咱买！”结果往往皆大欢喜。这样的表达，我把它叫作：“不能说真话的时候，也可以选择不讲假话。”就像季羡林老先生所说：“假话全不讲，真话不讲全。”

真话不讲全，其实也是对对方的尊重，避免把自己的“隐藏我”一股脑全部扔给对方，而给对方带来困扰和压力。

咨询当中，有时会遇到由于人格障碍而带来的“隐藏我”过大的情况。比如，有回避型人格障碍的人，会产生全面的社交抑制、能力不足感，对负面评价极其敏感，所以极力隐藏自我。

这样的人在幼年或童年时期就开始表现出害羞、孤独、害怕见陌生人、害怕陌生环境等。成年以后，这些问题会对他们的社交和职业功能产生不利影响。他们总觉得自己缺乏社交能力，缺乏吸引力，在各方面都处于劣势，因而显得过分敏感和自卑，担心自己会被别人排斥和拒绝，很难与他人建立亲密关系。人格障碍的治愈旷日持久，但只要意识到问题所在，就能够迈进一大步。

除了个体原因，社会文化也会影响一个人“隐藏我”的大小。古书《增广贤文》里说：“逢人且说三分话，未可全抛一片心。”在这种文化影响下长大的人，就会像林黛玉初进贾府那样，步步小心，不敢公开自己。

“隐藏我”大小比例的设定，取决于我们的自在和舒适程度，以及获益与否。如果自我暴露后让你受益，就可以采取行动；反之，你则有权选择保留。

○ 练习

写一写自己身上都有哪些“隐藏我”，再把其中可以尝试暴露的部分圈出来，由易到难地逐个实践。

09
如何了解潜意识，打开隐藏的潜能

〈 未知我 〉

一段日本幼儿园小朋友跳箱的视频曾在微信朋友圈广为流传。

视频中，一个小男孩一次次冲向跳箱，又一次次经历失败，越来越沮丧；这时，坐在一旁观看的老师站起身来，带领全班小朋友走向小男孩，然后手臂搭着手臂围成一个圈，让小男孩站在正中央，大家一起高喊三声给他加油。奇迹发生了，小男孩在大家的鼓励下，小宇宙爆发一般一下就成功越过了跳箱。

这段视频，我经常会引用到企业培训中，每一次都会有人感动得落泪，因为看见了爱的力量，看见了鼓励和支持远胜于评判与打击。

小男孩让我想起小学五年级时的自己，那时候我是班上个子最小的，但每次体育课上跳箱，我又是跳得最高的那个，老师升到多高我都可以一跃而过，直到有一天，几个高个子同学纷纷来问我“怎么跳过去的”。

我是怎么跳过去的呢？带着这个问题我再次冲向跳箱的时候，奇迹般地失败了。然后，我发现自己之前跳过去的秘密就是：以前从来没想过“我跳不过去”。因为没想过，所以不设限，才能到达别人看来不可思议的高度。

所以，我们每个人身上好像都有一些忽隐忽现的能力和一个未知的自己。这个自己得到足够的支持的时候，就可能做到我们没曾想过会做到的事；而这个自己没有被发现或被质疑和设限的时候，我们就常常会体验到“心有余而力不足”“真的做不到”。

这样的自己，在乔哈里窗的右下角，叫作“未知我”或“潜在我”，意思是别人不知道、我们也不知道的自己。通常指一些潜在的能力或特性，比如一个人经过训练或学习后，可能获得的知识与技能，或者在特定的机会里展示出来的才干，也包括没上升到意识层面却对人有着巨大影响的潜意识部分。这个区域没被激活的时候，谁都不知道里面究竟藏着多大的潜能，藏着多少被压抑的感受和记忆。

一位30岁的部门女主管曾经来找我咨询，说感觉自己的职业生涯被卡住了，上不去也下不来，心里每天都慌慌的，提不起劲来。一方面，她知道自己还年轻，也知道公司领导对自己的器重，知道自己应该继续努力，向上发展；可是另一方面，每当机会来临，她又不由自主地向后退缩，心底里总有一个声音告诉自己：

“你不行！你不行！”

我问她：“从小到大，你还听到过谁说你不行呢？”

她的眼泪下来了，说：“我妈。”

原来，她出生在一个重男轻女的山村里，妈妈生下她这个女儿后遭人歧视，于是把气都撒到她的身上，从小就告诉她：“你是女孩，你不行！”有了弟弟以后，妈妈更是经常忽视她、打击她，说她是“小姐身子丫鬟命”，说她所有的努力都是痴心妄想，再优秀也超不过男孩子。

妈妈的话刺痛了她，她一心想要离开家，所以拼尽全力考上外地的大学，毕业后又找到了这份别人羡慕的工作。眼看着生活可以由自己主宰了，可不知为什么脚步却选择了向后退。

我帮她一起梳理了原生家庭和成长经历对她当下的影响，跟她一起探讨弗洛伊德的冰山理论，帮助她了解：她之前的成就来自意识层面的努力，属于水面上的冰山一角，别人和自己都能看见；而眼下的困顿则来自潜意识里压抑着的念头和情绪，它们深藏在水面之下，别人和自己都看不到，却占据着冰山的大部分，会在关键时刻深深影响着她的行动。

我请女主管和我一起潜入水中，进一步探索水面以下的部分，结果发现：那里不仅藏着“我不行”的自我设限，还藏着“如果我行了，就是对妈妈的背叛和对弟弟的伤害”。

发现了这一点，女主管哇的一声大哭起来，我递给她一个靠枕，让她抱着哭个够。

哭，也是对潜意识能量的释放和对“未知我”的抱持。释放够了，才能够继续向前；抱持够了，才能够自我突破，就像跳箱的日本孩子那样，体验人生新的高度。

关于意识和潜意识，我们在后文会进一步探讨，这里先分享一个与跳蚤有关的实验。

一段国外的实验视频显示：研究者把世界上跳得最高的昆虫——跳蚤，放进瓶子里，跳蚤轻而易举就跳了出来；研究者又把它们放回瓶子，然后盖上盖子，于是，跳蚤每次跳起来都会碰到瓶盖；若干次之后，当研究者拿掉瓶盖，发现跳蚤再也跳不出瓶子了。

这段视频的结尾，有一段英文提示，大意是：**超越假想的瓶盖，超越局限。**

我们看不到这个实验的具体背景信息，但现实生活里，类似的“瓶盖”比比皆是。比如：女人就该相夫教子，我再怎么努力也超不过男人；别人是富二代，我再怎么努力也难以望其项背……

有这些“瓶盖”存在，我们的“未知我”所具有的各种潜在的能量就被牢牢关锁起来。一项调查显示，常人对潜能的利用率只有 6% ～ 8%，而像爱因斯坦这样伟大的科学家也仅使用了 10% 左右。当我们学会打开“瓶盖”，缩小“未知我”在生命中的占比，自我实现的奇迹就会不断显现。

为了帮助我的来访者打开“瓶盖”，有时，我会邀请他们到自然中去。

一位患有轻度焦虑症的爸爸，有一次参加亲子岩降，要从20多米的天坑上降下来。尽管有些紧张，但他还是出色地完成了全套动作。

下来后，他欣喜地告诉我："我其实以前还有恐高症，但我今天居然战胜了它！原来我可以做到！"我也为他感到高兴，问他是怎么做到的，他说整个活动中，因为有儿子在，他完全忘记了天坑的高度，唯一想的就是：要给儿子做榜样，我是一个好爸爸！

爱的力量是无穷的，可以让我们爆发出意想不到的潜能。曾经有一个农民为了救自己的儿子，竟然在情急之下抬起了压在儿子身上的轻型卡车，儿子得救后，他又试着抬车，却怎么也抬不起来了。

每个人的"未知我"区域，都存在着没有被探索和发掘的潜能，要找到并且善用它们，应该如何做呢？

首先，通过自我觉察，清理自我设限。

你可以在纸上一条条写下心里那些带有"不行""不可能""不好""不要"的句子，看看它们如何阻碍你成为你想要的样子；然后，问问自己，假如你无所畏惧，你会怎么做？

其次，通过自我探索，清理被压抑的情绪。

你可以记录你的梦境，因为梦是潜意识的反映，帮你把你以为早已忘记或者无所谓的记忆和情绪呈现出来，给你一条线索来了解自己。梦的具体分析可以交给咨询师，而你只要记住一条就能够帮到自己，那就是：梦里的情节或许都是虚构的，但梦中所体验到的情绪一定是你在真实生活里正经历着又忽略了的。顺藤摸瓜，你就有机会从源头打开心结。

最后，通过心理测评，理性科学地了解自己。

有很多专业的心理测评工具，可以帮助我们科学地认识未知的自己。当然，你也可以通过心理咨询来帮助自己更好地探索“未知我”。

心理咨询并不只是有了心理困惑，或者心理问题的时候才能做的。它更大的价值和魅力在于：可以帮你更好地自我探索和成长，防患于未然，生活得更好。

10
过分在意他人看法？这招教你活出真实自我

〈 彩蛋 〉

这是一位朋友给我的留言。

我总是很在意别人的想法，所以每次说话做事都会斟酌再斟酌，话说出去之后还在想这样说会不会不太好，会不会让对方不开心或者不舒服。这样就弄得自己很累。每天都得装作很开心很好说话的样子，不耐烦也不能表现出来。怎样才能让自己不再这样呢？

这个问题，我们可以从不同的角度来回答。这里，我们用乔哈里窗来解读和回答。

（1）自己知道、别人也知道的“公开我”。

过度在意别人想法的人，通常是对自我的公开领域感到不安的人。不安的原因包括对自己身份、角色、年龄、学历、长相、能力等某些公开的个人信息感到不自信，误以为别人也会和自己一样，在这些方面不能够接纳自己，所以言行举止小心翼翼，用讨好和迎合的方式来避免打击，维持表面上“公开我”的趋同性。他们心底里的声音是：你好，我不好。行为上则伪装成一种很好说话、很好相处的公开形象，尽力缩小“公开我”的存在。

（2）自己不知道、别人知道的“盲目我”。

和这位朋友一样，人际关系敏感的人，往往对自己的评价比他人实际的评价要低。因为总是想伪装出和他人的一致性，所以很少有机会听到他人对自己真实的评价，“盲目我”就会越来越大。

他们很难知道，自己看来是缺点的部分，在别人眼里却恰恰是可爱之处；自己感到自卑的方面，说不定却正好是他人所羡慕的。曾经有一个女孩，因为嘴角长了一颗痣而自卑到抬不起头，直到她终于下决心把痣点掉，抬起头来面对大家的时候，才听到有人惊呼：“哎呀，那么可爱的美人痣怎么就没了?！我们想要还没有呢！”

（3）自己知道、别人不知道的“隐藏我”。

适度地保护自我隐私很有必要，也是心理健康和成熟的表现。但如果“隐藏我”过大，则会因为压抑和过度的自我保护而失去平衡的人际关系。

这位朋友选择将自己真实的感受和想法藏起来不让他人知道，表面看起来是为了拉近与他人之间的关系，但事实上，最终反而与他人的距离越来越远。因为，把自己包裹得太紧的人，给别人带来的不是舒适与放松，而是同样的累与紧张。

（4）自己和别人都不知道的“未知我”。

不敢做真实自己的人，最需要探索“未知我”的领域。潜意识里的哪些声音在深刻地影响着我们的一生？这些声音又是从何而来？

如果我们细细探究这位朋友的问题，便会发现：在其潜意识层面，一定有一些被遗忘和压抑的人或事，数十年如一日地影响着他的一言一行。比如：童年时代一直有人说“你不够好”；一直有人对他实施情绪暴力，他稍有不同想法就对他呼天抢地……

那么，我们又如何利用乔哈里窗帮助这位朋友成长呢？

（1）“公开我”部分。

建议这位朋友学习恰当的自我暴露技巧。比如：用“我句式”而不是“你句式”来表达负面感受，可以说，“我觉得有些烦，但不是你的错。”或者用“同时”作为连接词来表达自己的观点，比如：“我觉得你的想法不错，同时，我也在想……”甚至可以尝试主动暴露一点点自己的不自信，可以说，“我对自己不太有信心，怕你们不喜欢我，所以你们说什么我都同意。”

当我们主动把自己的害怕公开出来，就会发现：做真实的自己突然没有那么可怕了，而且，周围一瞬间可能突然涌现更多的善意。

（2）“盲目我”部分。

做到自我暴露后，周围人有了更多机会来向我们表白他们心中我们的样子，帮助我们更全面地了解自己、增强自信。当然，就像我们眼中的缺陷可能是他人眼中的优点一样，我们以前认为的优点说不定在他人那里反而是一个需要解决的问题。

记住，把他人当作镜子和尺子，借由他人的反馈来不断拓宽自我疆域，我们在人际交往中不舒服的感觉就会越来越少。不过，借由他人了解自己，并不是活在他人的评价里。这位朋友可以主动向信任的亲友收集几张“正向模块”，听听他们是如何肯定自己的。循序渐进，直到自己不再害怕拒绝和否定。

(3)“隐藏我”部分。

建议这位朋友盘点一下自己的“隐藏我”，给这些隐私部分从 0 到 10 打分，找出其中隐私级别最低的三个，分享给自己觉得可以向他倾诉的人。假如发现人际交往中，隐藏已经成为自动化行为，那么下一次进入自动隐藏真我模式的时候，心中给自己按下暂停键，喝口水，慢慢说：“我有一个想法，说出来不知道你们会不会不舒服……”

(4)“未知我”部分。

建议这位朋友围绕“别人的想法”做一次词语的自由联想练习。当听到“别人的想法”这五个字时，头脑中都浮现出哪些词语呢？不要思考和评判，把所有跳出来的词都写下来，越多越好。写完后看看，自己有什么新发现。

现在，我们一起来手绘自己的乔哈里窗。

先在一张A4纸上画出一个标准的乔哈里窗，尽可能大一些。然后把这个大窗分成四个小窗。

自己知道、别人也知道的部分，填写在左上角。例如：长相、身高，一些属于公开性质的资料——性别、籍贯、特别的习惯、公开的爱好等。

别人知道、自己不知道的部分，分别询问亲人、恋人、朋友、同事等周围的人，填写在右上角。例如：口头禅、习惯性小动作、特定的做事方法、一些无意识的个性特点等。

自己知道、别人不知道的部分，填写在左下角。例如：童年往事、痛苦心酸的经验、身体上的隐疾、隐秘的打算、想法等。

自己不知道、别人也不知道的部分，或把过去不知道、现在知道了的新发现的自我，作为继续探索“未知我”的引子，填写在右下角。比如：如果没有某次因缘际会的经验，可能从来不知道自己会演说，口才一级棒；若没有当过班级干部，不知道原来自己的领导力还不错；若没有持续地做心理咨询和自我探索，不知道职业天花板是因为父亲的期待；等等。

面对已经画好的乔哈里窗，可以思考下面几个问题：

(1)“公开我”部分，有没有让你感到不自在的？有没有还可以添加的？

(2)“盲目我”部分，让你有什么感觉？你赞成别人的这些观察吗？你觉得是什么原因让你自己和别人对你的看法有这样的差异？

（3）“隐藏我”部分，问问自己，你是希望别人更多地了解你，还是宁愿隐藏更多？如果公开一部分“隐藏我”可以让你没那么累的话，你会选择公开哪部分呢？可以用彩笔把这部分圈出来，用箭头拉到“公开我”区域去。

（4）“未知我”部分，你的新发现，哪些让你更自信？哪些让你难过和心痛？哪些需要支持和帮助？

你可以把自己的乔哈里窗挂在书桌前，当再次遇到人际交往或职业发展的困惑时，先检视一下：可以在哪个区域做些调整和努力？

CHAPTER THREE

第3章

识别我，为什么心里有三个小人在打架

〈 人格结构论 〉

11
为什么你总是谨小慎微，怕这怕那

〈 本我 〉

我想带大家一起神游一下被《中国国家地理》杂志评为“中国最美乡村古镇”的丹巴藏寨，借着丹巴藏寨来进一步了解我们自己。

如果你去过美丽的丹巴，就会发现所有的居民都住着同样的房屋。房屋的底部叫作底屋，住着他们的家畜，房屋的中间部分叫作居室，住着主人一家，而在房屋的顶部，有一个四个白色尖角的小屋，四个尖角代表着山、树、水和地，用来供奉神位。

作为心理工作者，我第一次看见那样的房屋时，忍不住感叹说：“这简直就是弗洛伊德人格结构理论的现实版！”

弗洛伊德是奥地利精神病医师、心理学家、精神分析学派的创始人。虽然随着人类社会的发展，他的一些理论和观点被不断地质疑和修正，但作为心理学史上第一个对人格进行全面而深刻研究的心理学家，他的人格结构理论仍然带给后人很大的启发。

在弗洛伊德的学说中，人格被看作从内部控制行为的一种心理机制，这种内部心理机制决定着一个人在一切情境中的行为特征或者行为模式。他认为，完整的人格是由本我、自我、超我三部分组成。

这里，我们先来了解本我。

本我，顾名思义是本来的我，它是人格结构中最原始的部分，从我们出生起就存在了。构成本我的成分是人类的基本需求，如饥、渴、性等。本我中的需求产生时，个体要求立即满足，从支配人性的原则而言，支配本我的是“唯乐原则”。例如，婴儿每当感到饥饿的时候就要求立刻喂奶，绝不考虑母亲有无困难。

如果我们把人格结构看作一栋房子的话，本我就像丹巴藏寨底屋里住着的那些家畜——它存在于我们人格结构当中的底部，是原始而动物性的我。这样的我，是与生俱来的，也是建立人格的基础。

和底屋里住着的动物们一样，本我不考虑道德，它的目的在于追求快乐，避免痛苦，是本能和欲望的体现者，为我们整个心理活动提供能量，强烈要求发泄和满足。

本我是人的模糊不可即的部分，我们平时对它几乎什么都不知道。不过，只要当一个人有冲动的行为时，我们就可以看到本我在起作用了。例如，一个人出于冲动惹是生非，将石块扔进窗户，无所顾忌地乱发脾气，明知道不应该却忍不住伤害自己或他人，等等，这种时候，他就处在本我的奴役之中。

本我过于强大的人，会有很多与年龄不相符的冲动性行为，容易违背社会规则和道德规范做出一些极端的行动。而本我被过度压抑的人，则容易产生抑郁的情绪，发展出一些特殊的强迫症状，这是因为本我始终想寻求表达，总有一天，被过度压抑的本能会蹿出来“捣乱”。

我们来看几个案例。

周围人都觉得我人很好，好相处。但其实我总是谨小慎微、心胸不开阔，担心这个担心那个，每天感觉很郁闷。有事情又憋在心里，就算有不满，也不敢说出来，总表现出“老好人”的样子。其实我一点都不喜欢这样的自己，该怎么做才不用再一直活得小心翼翼的？

这位朋友可以用乔哈里窗来整理自己，而如果想要再深入一些了解自己，就可以从本我入手。

显然，小心翼翼是因为本我被关押了太久，本能的需求和愿望不断被压抑，看起来无欲无求，实际上只是生命力没有得到滋养的虚弱而已。实际上，即使是丹巴藏寨底屋里的动物，每天也会被主人放出来，在一定的区域内漫步玩耍，而主人每天的工作之一，便是为它们准备丰盛的食物。

你有没有发现，几乎所有的孩子都喜欢给动物喂食？在丹巴的日子里，我的女儿小圆子最喜欢的活动之一，就是跟女主人一起，在院子当中支在地上的一口大锅里煮猪食。煮好后，圆子问女主人："是我们端过去还是叫它们过来吃？"

我很喜欢这个问题，它让我看见，在与本我最接近的孩子的心中，人与动物是全然平等的，喂养动物所得的快乐，就是孩子自己的本我得到喂养的快乐。

遗憾的是，随着年龄的增长，大多数人开始怀疑甚至遗忘了这份快乐。

要释放被压抑的本能力量，需要这位朋友试着像个孩子一样，在安全的区域内做回天真的自己。"艺术让人复归天真"，你可以试着用涂鸦的方式来表达和宣泄自己。你也可以每天做一件让自己喜欢的没有伤害的事情，也可以去给孩子们做做义工或者支教老师，向孩子们学习如何释放天性。

下面两个案例正好相反。

我容易暴躁，生气的时候很冲动很偏激，我也不确定自己是不是有问题，但是我好怕有一天会因为我这样的脾气而做出什么事情。有些时候一有点小事，只要不顺心，我感觉就要爆发了。

我有下意识撒谎的习惯，之前一直都不觉得自己有这个问题，直到交了新的女朋友才发现。上完厕所没洗手，女朋友问起，就说洗了，等反应过来才发现已经说了。这样的事情还有好多，被发现就会吵架。明知道撒谎不好，为什么就控制不住呢？

控制不住情绪、控制不住行为，是因为本我被过度放纵了。就像家畜被放出去却忘了召唤回来，最终会迷失在漫无边际的生活里。比如，《红楼梦》里经典的“啃老族”薛蟠。他幼年丧父，母亲对他纵容溺爱，五岁开始他就性情奢侈，言语傲慢。每天斗鸡走马，游山玩水。作为富二代，对经济世事全然不知，全靠他人打理，成了一个废人。

所以对本我，既要释放，又要管理。就像禅宗里著名的《牧牛图》，我们的心性、本我，也是需要像放牧一样来调养的。比如，情绪上来的时候，学会拉一拉心里的缰绳，告诉自己：“我的情绪我负责，与别人无关。”习惯性撒谎之后，学会说：“其实我是想要你高兴，所以我刚才说的不是真的，我真实的想法是……”

或者更进一步练习，在开口前先深吸一口气，把手放在心上，感受到自己的心跳后，再说话。这个练习看起来夸张，却能帮你逐渐摆脱“撒谎”的习惯，让你更有勇气做自己，让你在关系里更坦然。

○ 练习

分别回忆一件自己觉得最压抑的事情和一件最冲动的事情，看看这两件事情的背后，你的本我是什么样子。

12
你是如何一步步成为精致的利己主义者的

〈 自我 〉

一个在国外留学的17岁男孩，电话里听说妈妈怀了二胎，异常冷静地说："去查一下是男是女，是女孩就生下来，是男孩就打掉，我绝不允许有人跟我抢家产！"

父母听得直冒冷汗，不明白为什么十几年的呵护付出，却培养出儿子如此的冷漠；不仅如此，妈妈生下妹妹后，微信告诉他是女孩，他还要看视频确认才肯罢休。

你是不是也冒出一身冷汗？你也许会想，为什么现在的孩子如此现实和功利？就像北大教授钱理群总结的那样，现在的孩子似乎都成了"精致的利己主义者"，成为"高智商、世俗、老道、善于表演、懂得假装配合他人来达到自己目的的人"。

其实，并不是所有的孩子都如此，它与每个人人格结构中的自我有关。

弗洛伊德的人格理论中，自我是介于本我的动物性和超我的神性中间的那个我，就像丹巴藏寨房屋中间的居室部分。居室里住着的主人，既要照顾底屋的家畜，又要祭祀楼顶的神灵；而自我也一样，遵循“更好地生存的现实原则”，管理着我们内心的动物世界和神的世界，让我们得以与外部世界相处。

自我是从本我中分化出来，又通过后天的学习和对现实环境的接触而逐渐发展起来。比如，一个孩子想吃冰淇淋，可是妈妈坚决不同意，孩子的自我部分就需要站出来做一个选择：是乖乖放弃还是讨价还价，是搬来爸爸作为救兵还是自己偷偷去买来吃，等等。

不同的应对策略背后的内在心理动力是不同的，弗洛伊德把它们叫作“心理防御机制”，意思是：当自我在本我的需求受挫时，为了避免精神上的痛苦、紧张、焦虑、尴尬、罪恶感等心理，会有意无意间进行各种心理上的调整，这个调整的过程就是自我防御。

自我防御是自我对本我的压抑，也是自我的一种下意识保护。在生理上，心理防御机制可以防止因各种心理打击而引起的生理疾病或神经症，但过分或错误地应用心理防御机制却可能带来心理疾病。

我们每个人都会在无意识之中用到不同的防御机制。那么，心理防御机制都有哪些种类？心理学家根据个人成长和人格发展的成熟度，将防御机制分为四大类。

◉第一类，自恋性防御机制（narcissistic defense mechanism）。这种防御机制在5岁以前的儿童、成年人的梦境和幻想，以及精神分裂症的患者中常见，主要包括精神病性否认、妄想性投射、分裂作用、歪曲作用等。

比如，4岁的孩子明明没有吃到冰淇淋，却告诉别人妈妈给他买了好大一个草莓味道的冰淇淋，好吃极了。对孩子来说，这并不是撒谎，而是歪曲的防御机制在运作；但假如成人也如此，并且把幻想当真了，那就是生病了。

◉第二类，不成熟的防御机制（immature defense mechanism）。这种防御机制在3～16岁的儿童和青少年中，在人格障碍和情感障碍，以及神经症患者中常见，主要包括非精神病性投射、防御认同、被动攻击、见诸行动等。

比如，孩子吃不到冰淇淋，就把自己关起来，不肯吃饭，采取被动攻击的防御机制；而爸爸如果认为妈妈不给孩子买冰淇淋是小题大做，是故意跟自己作对，把家里弄得鸡飞狗跳，让自己无法安心工作，则是采取了投射性的防御机制——意思是，把自己的想法投射到对方身上。

◉第三类，神经症性防御机制（neurotic defense mechanism）。这种防御机制常见于焦虑、抑郁、强迫等神经症患者，或成年人在突发的应激事件中的反应，主要包括压抑、置换、退行、隔离、反向形成、抵消、合理化等。

比如，妈妈面对爸爸无端的投射和指责，一气之下回了娘家，就是“退行”，意思是：遭遇到挫折无法应付时，表现出和年龄不相称的幼稚行为反应，放弃成熟态度和成人行为模式，让自己退回到儿童状态，通过依赖他人来逃避成人的责任。

◉第四类，成熟的防御机制（mature defense mechanism）。这是成年人常用的防御机制，主要包括利他、升华、幽默等。

比如，外公外婆听完孩子妈妈的哭诉，没有火上浇油指责女婿的不对，而是把这个冰淇淋事件当作案例写了一篇文章投给报社，总结说：“婚姻就是小夫妻的共同成长，只有成熟的人才可以把日子过得更好。”这就是升华。

回过头来看本节开头的那个案例，男孩面对突如其来的弟弟或妹妹，第一反应是独生子地位受到威胁的焦虑和不安。他把自己“儿子就是来继承家产的”的想法投射到了未出生的弟弟身上，认为如果是弟弟一定会跟自己抢夺财产，所以要在第一时间杀死尚未出生的弟弟；与此同时，他也知道无法左右父母生二胎的决定，于是就用了合理化的防御机制来进行妥协，认为“妹妹不会抢夺家产”，所以如果是妹妹他就能接受。

不仅如此，面对父母没有预兆和商量的告知，男孩心中其实充满了对父母的愤怒和不满，但又不能对父母表达，所以就通过转移的防御机制，把愤怒转移到了不存在的弟弟身上，通过打掉弟弟的残忍要求来宣泄对父母的敌对情绪。同时，他把内心对独占爱的渴望和失去爱的恐惧隔离起来，转化为现实层面对独占财产的需求，因为财产看起来比爱更容易把握。

如果说，父母通过多年的精英教育，亲手制造了一个精致的利己主义者的话，其实，几乎所有精致的利己主义者内心，都在发生这样的转化，与神经症患者把心理冲突转化为躯体的症状不同，他们更多地把内心对爱和价值肯定的精神需求转化为物质满足与现实利益的维护。

为了确保自己在家庭和社会中的精英地位，他们会隔离自己的情感需求，步步为营，尽力让自己的每分每秒和每一个行动都是“有用”的，都指向现实目标的达成，带来现实的收益。如果不是这样，他们的自我价值感和“我是值得爱”的肯定感就会丧失。

一个患有焦虑症的中学生被父母送来咨询，谈到孩子的成长经历，父母提供了一个重要的细节：孩子的外婆退休前是一位很有权威的小学校长，做事雷厉风行，容不得半点拖沓和马虎。

从孩子出生开始，外婆就制订了严格的养育计划和作息时间表。为了监督孩子的父母执行，她索性搬到了对面楼居住，每天监控孩子房间的灯光变化，如果没有准点熄灯或者开灯，她马上就会打电话过去，严厉斥责孩子的父母：“没有责任心，要毁了孩子。”

你也许会倒吸一口凉气，无法想象在这样的高压监控下，孩子会长成什么样子。实际上，通过他人的故事，我们可以更好地反思自己：我们对自己、对伴侣或者对孩子，是否也在无意识间采取同样的高压政策，容不得生命里有一星半点的无用和懈怠呢？

如果教育一直都是强调“doing”，即不断地做更多来争抢资源和赛道的话，就会有越来越多的孩子感受不到“being”，即存在本身的意义，他们会越来越害怕跟真实的本我待在一起，会越努力越焦虑。

一个朋友说：“现在是规培医生，每天查病房、写病历、做科研，已经很累了。可是我现在每天都觉得自己还不够努力，担心自己达不到主任的期待，担心自己不能留院工作。平心而论，我现在已经比在医学院的时候拼命多了，但是这样想并不能安慰自己，每天还是很焦虑。”

这样的焦虑，一部分来源于职业特性和任务量的压力，另一部分则来源于自我的不清晰，内心把“做更多”当作了努力的标尺，但“更多”是多少呢？如果没有量化的阶段性目标，自我就永远处在没有对标的迷茫状态。所以，有这样的焦虑，一定要进行自我职业生涯的阶段性量化，减少不确定感。

精英教育下长大的孩子，可能成为自我过于强大的人，一味地追求现实原则，顾及不到他人的利益和需要。

还有一个朋友说：“室友 H，同宿舍三年来，晚上经常十二点半到凌晨一点多还在打电话，只要提醒他就会被骂；别人午睡时，他看综艺从不戴耳机；喜欢贪小便宜，让人帮点外卖从不主动转账；到现在，跟全班同学的关系都很差。为什么会有这样自私的人？”

自私是一种道德评判，而道德的形成，来源于心理层面人格结构的建设。道德的指责和说教帮不到利己主义者，要解决问题，需要从源头开始，帮助他们拓宽生命价值的定义，培养其同理心。

跟这样的人相处，直接坚定地表达“我需要”，比说“你太自私了”更有效；形成团体规则和共识，让他从遵守规则中获益比要求他按照你的想法行动更有效。

跟自我过于强大的人相处，可能会发生冲突和不快；而跟自我过于弱小的人相处，则可能会让你更加抓狂，陷入很累很压抑却又说不出原因的奇怪境地。因为自我过于弱小甚至没有自我的人，其人格结构处在失衡状态，他们无力处理现实生活，不适应成人世界，很容易形成依赖性人格。表面看起来，他们可能对你言听计从，但相处时间久了，你会发现，你已经不小心落入了他们“依赖—控制”的游戏陷阱里，好像你得为他们的生命负全责，你稍加反抗，他们就会表现出极大的委屈和受伤，让你产生强大的内疚和负罪感，好像自己真的很对不起他们一样。

要想从这种不健康的游戏里跳出来，你就要学会说“不”，学会不再过度担责，发展出健康的人我界限。

○ 练习

对照我们谈到的案例，观察一下自己的自我是过大、过小，还是刚刚好。问问自己，过往或者当下正面临的困扰中，自己最常使用的防御机制可能是四大类中的哪一类。你不用担心自己还没有完全了解各种防御机制的具体定义，只要知道：防御机制是下意识的自我保护。真正能把自己从困扰中解脱出来的，不是去改变外界的人和事，而是改变自己所使用的防御机制，这样，你对自己的生命就拥有了更大的主动权。

13
为什么你总是跟自己过不去

〈 超我 〉

丹巴藏寨房屋的顶部，留着用来供奉神位，象征着人和神连接的通道。而这个神，对应到我们自己身上，意味着什么呢？

我们来看几个案例，通过别人的故事，了解自己。下面这个案例，相信每个参加过高考的人应该都不陌生。

一位大二的学生，从上高中开始就非常焦虑，甚至伴随着抑郁。好不容易从边远的小城考进理想的大学，本来以为可以松一口气了。但是，当他发现周围都是比他家庭条件好，自身也更优秀的人时，他又陷入了更深的焦虑里。

生活环境、学习方式和社会角色等的转变，让他和所有的大学新生一样，陷入了心理失衡期。幸运的是，他找到了咨询师，在咨询师的陪伴下，他有惊无险地完成了角色的转换和适应，慢慢地进入了学习的状态。

可是，一天满满的14个小时的学习安排，仍然让他觉得自己太懈怠了，每当要放松和休息的时候，心里就会产生无尽的罪恶感和内疚感。接着他就会联想到自己可能不那么完美、未来不那么明确。他越想内心越恐惧，越是觉得自己不敢懈怠，反而越是没有办法重新投入学习。

于是，这个时候本我就跳了出来，他开始打游戏、睡懒觉，追各种各样无聊的电视剧。而自我呢，则表现得越来越拖延，哪怕一件很简单的事情也总是拖着不去做，连打电话都成了难题。

与此同时，一个声音始终在他耳边回响：你太堕落了，你真是不可救药，你这辈子也别指望过上自己想要的生活了。

那么，这个声音来自哪里呢？

我们想象一下，就像住在丹巴藏寨最顶层的神，在我们人格结构的顶部，也供着一个类似的神，他更像道德警察，时时刻刻监督着我们。而他的台词，我们耳熟能详，往往来自童年时代爸爸妈妈的教导，来自老师或者他人的评判，甚至可能来自邻居把我们当作别人家的孩子来表扬的时候，那种羡慕而又充满压力的描述。

这些外界的要求和碎碎念，逐渐凝聚成了强大的、各种各样的“你应该”“你必须”“你要怎样”，时刻监督着我们不要犯错，也时刻传递着家庭的某些信条。比如说“玩是可耻的，你必须出人头地，才有好日子过”。而这些声音既让人紧张和不安，又转化成为我们的一部分，弗洛伊德给它取了一个名字，叫作超我。

什么是超我呢？通俗地说，就是人的道德良心和自我理想，它就像人格结构中的司法部，要求我们遵从完美和至高的标准，而不是快乐原则，要求我们恪守各种规范，满足外界的要求，而不允许犯错。

如果说，**本我代表“我想要”，自我代表“我能要”的话，超我则代表着“我应该要”。影响超我的最主要因素，往往是父母过于严格的要求和过度的完美主义。**这会导致孩子的超我过于强大，时时刻刻充满评判，就像案例中的这位大学生一样，想要放松的时候，总有一种声音在提醒他、监督他、拷问他。

作为人格结构的一部分，就像本我和自我一样，超我有必要存在，也必然会存在。我们认识它，不是为了消灭它，而是了解它是否过于强大或者弱小，以及给我们带来怎样的影响。

我们来看一看，超我过于强大的人会怎么样。

一位企业部门经理，女，30岁，未婚，工作能力非常出色。下属们跟着她学到了很多，而且在职业表现上也都很有成就。

私下里，却没有一个人喜欢这位经理。原因之一是她简直就是个工作狂，导致部门里所有人都跟着一起神经紧张，没日没夜地加班加点。尤其假期的时候，她不仅自己不分昼夜地工作，而且随时随地可能打电话给下属，点兵点将。

当意识到自己再这样下去会出现问题的时候，她走进了咨询室，说她有假期恐惧症，虽然明明知道身体和心灵都应该放松，但是心底总有一个声音时时刻刻在提醒着她：“你如果不忙碌，就是没有价值的，就随时随地可能被人取而代之。”

咨询当中，她回忆起小的时候，每当特别渴望妈妈更多一点陪伴自己的时候，妈妈就会说：“我要是不忙，怎么能给你创造更好的生活呢？我如果不忙碌，别人就可能取代我。我现在已经竭尽全力来陪你了，你还要我怎样呢？”

妈妈的声音和完美主义，逐渐内化成了她自己的一部分，最后她发现自己不敢停下来。不仅如此，她还发现，她对不想加班的下属也是零容忍。在她看来，不想加班就是不努力，而不努力就是堕落的。她的工作信条是：100% 的完成，不算完成；120% 的完成，才算完成。

可见，超我过于强大的人，不仅对自己充满批判，过得非常纠结，而且也会不自觉地对他人充满道德的审判，所以人际交往往往会发生困难。超我过于强大的人，他们与人交往的时候，心底似乎总是会不由自主地挑剔别人的不足，尽管他们知道自己内心孤独、渴望朋友。但另一方面又总是觉得周围的人配不上自己，更准确地说是配不上自己那个强大的超我。

他们无论是在友情、爱情还是家庭生活当中，都渴望寻找一个完美的形象，可是这个世界上哪里有完美的人呢？所以，他们的各种关系就会出现越来越多的挑战和问题。

有一部分“剩男剩女”就是由于这个原因而造成的。就像这位工作狂女上司，明明知道假期应该放松休息，但还是忍不住想要打电话给下属，要求他们和自己一样讨论工作，不能懈怠。她明明很渴望爱情，但是又不敢谈情说爱，因为总觉得遇不到完美的人。其实，他们更害怕的是别人发现自己的不完美。

除了习惯对人、对己评判，导致人际关系紧张，超我的过于强大还会带来另一种比较显著的日常生活表现，那就是性。

有一个案例来自弗洛伊德，非常经典。

少女杜拉，因为反复咳嗽、说不出话、肚子疼，被爸爸带来见弗洛伊德。咨询过程当中，杜拉提到一位K先生对她性骚扰。

可是，弗洛伊德从后来的分析里发现，其实是少女杜拉自己对K先生有了情感，产生了暗恋。另外，杜拉又对性有着强烈的羞耻感，于是才出现了各种各样的躯体化的症状，来掩盖自己内心的不安。

现实生活当中，或许很难碰到非常极端的案例，不过我们经常会发现，婚姻当中困扰夫妻双方的性生活失调问题，有一部分就可能来自女性在超我层面上对性的不恰当观念，比如，只有放荡的女人才会主动要求性的满足。

那么，超我过弱的人又会怎么样呢？同样，我们先来看看人际交往的方面，当一个人的超我过于薄弱的时候，它的表现可能过于冲动，过于我行我素，不守规则，容易出现攻击行为，甚至是反社会的行为。

我们再来看性的方面。如果超我过于薄弱，则可能会出现性行为的过度随意和泛滥。在弗洛伊德之后，心理学家进一步研究发现，薄弱的超我、严厉的超我、越轨的超我都可能导致犯罪行为的产生。就算不犯罪，也很难过好一生。

通过对超我的探讨，我们知道超我的形成源自父母过度严格的教导，和我们身处的社会文化的要求，在我们成长的过程当中，被内化成各种观念和想法，导致我们的超我过于强大或弱小。它会影响到我们的人际关系、恋爱、婚姻。

如何平衡本我、自我和超我之间的关系，完成人格的整合，是我们每个人一生都要面对的课题。

○ 练习

给自己一段安静的时间，写一写从父母、长辈和权威而来的，在你的超我层面上影响到你的评判和规条。看一看，是哪些信念在你的身上不断地重复着，又是哪些声音会经常跳出来，对你及周遭加以指责？

14 职场妈妈，你需要的不是完美，而是整合

〈 整合 〉

一位职场妈妈表面看起来每天精神抖擞、光鲜亮丽，实际上生活过得一地鸡毛。每天早上想多睡一会儿都不行，两岁的宝宝天不亮就会来揪她鼻子、抓她头发，她忍着浑身疼痛爬起来，边做早饭边哄娃；吃完早饭把孩子送到老人家里，忍受着孩子撕心裂肺的哭喊逃去上班，一整天对同事和客户满脸笑容、谈笑风生，心底却充满了对孩子的愧疚；好不容易到下班时间了，怀着二胎还经常加班的领导，又动不动要召集全员开会……终于回到家里了，一路上想象着母慈子孝，见到宝宝后却变成了鸡飞狗跳；希望老公帮忙，一开口却成了“你就知道整天上网打游戏”，结果常常是两人大吵一架，然后冷战几天，上班的时候更加集中不了注意力。

这位妈妈两年多前就面临生娃还是升职的选择，全家人一边倒，坚决要求她早点要孩子，结果眼看着能力不如自己的人都晋

升了，自己想努力扳回局面，把工作和家庭都发展好，却发现太难了，每天都像穿着高跟鞋走钢丝一样无比焦虑。

走钢丝的职场妈妈，比比皆是。这些年，我给企业讲得最多的课程之一就是“工作与生活的平衡”。在我看来，真正的平衡是动态的遗憾，而不是静态的完美；是不断进行的人格整合与完善，而不是一蹴而就的神奇技巧。

什么意思呢？很多年前，我曾经给某杂志专栏写过一篇文章，讲 E 型女性的心理压力。E，是英文单词 excellent 的首字母，也是“Everything to Everyone”的缩写，意思是：一切都要面面俱到，做到最好。

E 型女性的概念来自美国心理学博士布莉克。随着时代的发展，无论国内国外，我们都会发现：越来越多职业女性竭尽全力想要事业和家庭两方面都做到完美，觉得那样才是平衡，但往往越努力，越崩溃，顾此失彼，没有办法实现真正的平衡。

事实上，职场中无论男女，平衡都是一项挑战。一项调查显示，中国有 65% 的人抱怨自己工作生活失衡，韩国人的失衡比例更高达 95%。如果说，不平衡是现实的话，我们只有重新定义平衡，才能让自己过得更好。

从心理学角度来看，真正的平衡来自我们跟自己的和解，来自人格的高度整合。心理学中的“人格”，是指构成一个人的思想、情感和行为的特有的统合模式，包含一个人区别于其他人的稳定而统一的心理品质。“整合”，则是指构成人格的各个层面之间彼此接纳而不是冲突、彼此支持而不是排斥。**人格的整合度越高，我们越能够动态地调整工作和生活的节奏，而不是纠结于面面俱到的完美主义。**

弗洛伊德的人格理论中，完整的人格结构由三大系统组成，即本我、自我和超我。对一个心智健全的人而言，这三大系统是和谐统一的整体，它们密切配合，使人能够成功地展开与外界环境的各种交往，以此满足自己的基本需要和欲望，实现崇高理想与目的。反过来，如果人格的三大系统难以协调、相互冲突，人就会处于失常状态，内外交困，活动效率也随之降低，甚至危及人的生存和发展。

生儿育女，本来是女性本我的自然需求，但当它与自我的职业发展需求相冲突时，不少女性就会陷入两难：勉强选择生孩子的，常常心怀委屈和牺牲感，日后跟老公和婆婆的相处会出现困难，认为“我为你们生了孩子，你们待我却不够好”；坚决选择升职而不要孩子的，又会面对别人异样的眼光，面对同学聚会时的尴尬和长辈们的抱怨与指责。

这个时候，超我如果过于弱小，就会任由本我或自我任性而为，一边倒；如果超我过于强大，则又会不断打击本我或自我，认为它们把事情都搞砸了，讨伐它们无法面面俱到。

案例中的妈妈，就属于后者。她的强大超我希望她无论在职场中还是家庭中都能够表现完美，然而，谁的生活不是间歇性地

“一地鸡毛”呢？一地鸡毛并不可怕，可怕的是人格结构中的三个“我”不断打架。

我们每个人的心理能量，都分布在本我、自我、超我这三个“我”中，并在三个“我”之间互相流动和转化。人格结构不是一种静态的能量系统，而是动态的，是在不断的“平衡—失衡—再平衡”的过程中发展的。而人格的整合，就是不断完成动态的调整，完成三个“我”之间得失的取舍，以及完成内在能量统一和平衡的过程。

从整合的角度看：

- 如果本我过于强大，一个人会活得像原始人，非常任性、冲动，做事情不计后果；而本我过于弱小，又会活得太过谨小慎微，不了解自己的感受和需要，活得不真实。
- 如果自我过于强大，则会活得像个机器人，目的性过强、缺少想象力，过于关注眼前的现实利益，成为一个精致的利己主义者；而自我过于弱小，又会缺乏现实适应的能力和行动力，没办法照顾好自己。
- 薄弱的超我、严厉的超我和越轨的超我，都可能导致犯罪行为的产生。就算不犯罪，也很难过好一生。

我们先来看薄弱的超我。

一位朋友问：“我为什么那么缺乏行动力呢？我天天想要自己

变得更好，天天立志、立计划，但从来没有完成过。心底里总有个小人跳出来说：哎呀，先玩一会儿，先睡一会儿再说吧。然后就把什么都忘了，开心够了又后悔。我觉得自己就是那种道理都懂，却过不好人生的人，怎么办呢？”

“开心够了又后悔”，是因为薄弱的超我没有管住强大的本我，所以总是及时行乐，结果让想要获得现实利益的自我感到不满。

薄弱的超我带来的最严重后果，可能是形成反社会人格。如果受虐待、得不到爱护和照顾的孩子对父母强烈抵制，拒绝承认社会规范，超我的发展就会受到阻碍，形成反社会人格。他们会表现出：不可靠，不诚实，缺乏自责或羞耻，缺乏判断力、洞察力，行为冲动等。他们往往：不计后果，无视传统的规则与程序；冷漠；几乎没有一生的计划；几乎没有罪责感；较早表现出持续的和普遍的行为问题；虚张声势、轻浮、好出风头；容易与权威人物发生冲突；跟别人隔离，内心感到孤立，缺爱，对他人感到绝望。

我们再来看严厉的超我。

一个14岁的男孩被妈妈带来见我。两个月前，男孩的爸爸因病去世，男孩突然之间从好学生变成了问题少年——又是打架又是抽烟，还顶撞老师，动不动就说：“怎么样？有本事你们开除我啊！”

原来，爸爸生前，男孩跟他的关系一直非常糟糕，因为爸爸经常喝酒骂人，男孩最愤怒的时候曾经在心里诅咒他“快点死掉算了”。没想到，爸爸真的突发疾病走了，男孩严厉的超我就跳了出来，痛斥他自己的邪恶念头，认为是自己的诅咒害死了父亲，所以该下地狱。

可是，严厉的超我同时又告诉他：“你对不起你妈妈，所以你要一辈子痛苦地活着赎罪！”带着这样的内疚和罪恶感，他开始自虐似的制造出各种问题，好像只有被打和被处罚，才会让自己好过一些。

内疚感或罪恶感，是所有负面情感中最具毁灭性的情感，它可以熄灭一个人对生命的热忱，让人感到绝望和窒息，有一种永远也无法还得清、永远也无法抬起头来的感觉。在亲密关系中，内疚感也常常被当作控制对方的工具和手段。

比如，讨好型人格障碍患者就常常用自我牺牲来唤起别人的内疚，从而把对方牢牢地置于自己的控制之下，结果却只能让对方感到窒息而远离，最终导致亲密关系的破裂。

最后，我们来看看越轨的超我。

一位30岁的女性，因为自己出轨而与丈夫离婚，但她并没有选择与第三者在一起，而是继续与不同的已婚男性交往，觉得这样才刺激，也才说明自己非常有魅力。

直到有一天，一位受伤的妻子冲到她工作单位去打了她，让她丢了工作，她才被母亲求着前来咨询。母亲说：“我们老年得子，对女儿百依百顺，从小别人有什么她也一定要有。她经常抢别的小朋友的东西，我们不但不制止，还想尽办法满足她。但现在，总不能去抢别人的丈夫来给她吧？”

可以想象，这样享受着特权长大的孩子，超我的潜台词是：你想要什么就应该得到什么，抢别人的东西说明你有能力。这样的超我，就是越轨的超我，它会让一个人对自己的行为没有内疚、冲突和罪恶感，从而无法自我约束。

外在的失衡，往往是由内在的失衡导致的。所以，人格的不断完善和整合，是一个进行时，通过我们一生不断参与的学习、工作、恋爱等活动来推进。

具体来说，我们可以这么做：

（1）不断地认识自己，了解自己人生发展不同阶段下的需求，学会最小化满足。

我常常让来访者和学员，通过画角色饼图来梳理自己，看一看不同人生阶段，这些饼的大小该如何调整才可以让整体感受变得更好。

比如：作为两岁孩子的妈妈，养育的角色需求大于职业角色的需求，那么就允许自己降低职业发展的目标和速度，确保自己最重要的需要得到满足；与此同时，针对母亲、职员、妻子、自己等不同角色，遵循最小化满足的原则，也就是给每个角色至少保留一点点时间和精力，但完全不需要平均分配，只要有最小的满足，就已经足够好了。

(2) 不断地接纳不完美的自己，接纳人生总有遗憾的事实，创造性地解决问题。

以前的一则新闻，让很多职场妈妈们很感慨：澳大利亚联邦议会上，一位女议员边开会边哺乳。这位女议员自豪地说："我们的议会需要更多这样的女议员和父母。"——其实每个人都在与现实的不断冲突与和解中生存着的，真正的平衡，不是把每个角色都做到完美，而是每个角色之间互相滋养。

(3) 整理潜意识里压抑的感受和能量，释放持久的生命力、向上生长。

问问自己：你的意识层面认为什么是最重要的？你的内心深处又在执行怎样的标准呢？

再问问自己：从小到大，你头脑中的哪些声音经常跳出来阻碍你更轻松地做自己？

不断地做这样的练习，你会慢慢打开锁住自己的无形枷锁，绽放自己的生命力。

最后，教给大家一些与他人建立共同人格、相互整合与完善的方法：

◉恋人之间：本我的同频共振，自我的亲密与独立，超我的相互理解、接纳、调整。

- 同事之间：本我增强情感连接，管理情绪冲突；自我相互支持；放下超我评判。
- 上下级之间：重心更多放在自我的能力呈现上。
- 亲子之间：绕开超我来谈心，走进孩子心里。

美好的丹巴藏寨，屹立千年，始终内在祥和安宁。

那里是著名的女儿国，男主人跟我们分享他如何“嫁”到女方家里的时候，很自豪很幸福，没有一丁点儿的不安。这就是人格整合状态下的平衡。

愿你也能：喂养好自己的家畜，照顾好自己的家人，维护好自己的理想。

15
遇上自私的人，如何相处不吃亏

〈 彩蛋 〉

相信你会有这样的经历，突然拍案而起，说：“我身边怎么有这么一个自私的人！”

自私的人到处都有，尤其是在精致的利己主义时代，套用流行的话来说，就是“精致的皮囊千篇一律，无私的灵魂万里挑一”。但，“自私”本身并不是一个心理学用语，它更多带着道德的评判。如果用心理学来分析和解释的话，这样描述会更准确：“自我中心，缺少同理心，缺乏自我觉察能力，漠视他人的感觉和需求，坚信自己的资格和权利，注重现实利益，表现倨傲无礼，人际交往中喜欢剥削和利用他人”。

这样的描述，占自恋型人格障碍诊断9条标准的5条以上，已经符合诊断要求了。但诊断是精神科医生的事，心理咨询师没有权利给任何人贴上任何诊断标签。不过，准确地了解一个人外部行为背后的心理原因，可以帮助我们在与他打交道的时候、更好地做我们自己，免受他的伤害。

我的新婚妻子或许是因为小时候缺爱和自卑，在生活中总是活在自己的感觉里，任何时候都会逃避自己的错误，把事情弄成别人亏欠她很深的感觉，特别在意自己，必须有优越感，希望在环境中是那个被羡慕的。但她平时特别不自信，没有兴趣爱好，只想出去玩，很懒散。生活好沉重，怎么办?

这是一位先生的来信。虽然我从不赞成仅凭单方面的描述就轻易做任何判断或结论，但为了帮助大家理解，姑且用“疑似自恋型人格障碍”来尝试解读。

自恋型人格障碍，是人格失衡导致病态的类型之一，产生的原因主要有两种。第一种是儿童及青少年时期，来自家庭和学校的关爱和赞扬太少或太多。关爱和赞扬太少会导致自卑，出现自我补偿过度；太多会导致自大，对自己期望过度。第二种是后期成长中学习和工作特别顺利，导致自信心膨胀，产生婴儿式的全能自恋，认为自己就是世界的中心。就像作家安东尼所说：“我谈过最长的恋爱，就是自恋，我爱自己，没有情敌。”

适度的自恋是健康的，但如果成了人格障碍，则会让周围的人苦不堪言，自己也很难幸福。除了上文提到的，自恋型人格障碍的特征还包括以下几个方面。

（1）对自己的重要性有夸大的感觉，夸大自己的成就和才能，没有相应的成就却希望被看作出类拔萃。

(2) 幻想无止境的成功、权力、才华、美貌或理想爱情。

(3) 相信自己是独一无二的、平常人不可能理解或不配与之交往的人。

(4) 需要极度的赞美。

对利己主义者来说，他们往往自我过于强大，更看重眼前的现实利益。直接对他们说“不”，比背后议论纷纷或者生他的闷气更有效；同时，可以邀请他一起参与公益活动，让他的内心被真正健康的爱温暖。

跟利己主义者强大的自我形成强烈对比的，是那些依赖型的人，与他们交往同样需要警惕。比如，有的情侣在恋爱中，另一半会非常黏人，不顾对方的作息时间、工作节奏，稍微回复消息慢了就会情绪爆发，一口气打几十个电话。再如，一些依赖型的妻子，特别害怕丈夫出差，因为她们事无巨细都要让丈夫来做决定，丈夫一走，主心骨都没了。

这类人往往自我过于弱小，跟其相处要学会把他们的问题还给他们，学会不过度担责，不大包大揽，发展出健康的人我界限来。

我总是努力讨好别人，有时候感觉把自己放得很低，特别会考虑他人的感受。这让我很累、很被动，越来越自卑，我心里也不想这样，我该怎么办呢？

这个问题，也可以从不同的角度来回答。在此，我们从人格整合的角度来进行分析。

（1）先看本我。当一个人感觉很累很被动时，本我通常处于非常压抑、生命力不足的状态。问问自己：如果没有任何担忧和顾虑，你会怎么做自己？如果你是自己的孩子，你会如何养育这个孩子、释放他的天性？回想并重复小时候最喜欢做的事情，可以帮你重新与本我连接；瑜伽、正念、跑步等，可以帮助本我慢慢复活。

（2）再看自我。自我的策略是把自己放得很低来讨好别人，结果是讨好了别人伤害了自己。这样的自我有人际交往和适应社会的愿望，但缺乏技巧与经验，需要有针对性地学习与实践。可以多参与人际交往团体和人际沟通训练，一步步把低到尘埃里的自我扶起来。

（3）最后看超我。超我是最大的统治者，也是导致自卑的元凶。你听，超我在说："你必须要讨好别人，别人的感受比你的重要！"回想一下，这个声音最早来自哪里？如果这不是真的，你愿不愿意修改这句错误的台词？当你把这句话改为"我必须要讨好自己，我的感受和别人的一样重要"的时候，你的感觉有什么不一样呢？

完成这三个部分的探索后，想象他们是你心中的三个小人，以前互不理解、剑拔弩张，现在相互支持、抱团取暖。每天想象十分钟，你的能量会重新回到你的生命里。

愿我们都能被自己温柔以待。

CHAPTER FOUR

第 4 章

找到我，如何读懂自己的内在需求

〈 荣格自性化 〉

16 为什么一定要他买房你才嫁

〈 集体无意识 〉

一个谈了4年恋爱的女孩，她的苦恼是：跟男朋友情感上已经到了非君莫嫁的地步，但是现实层面上两人面临一个巨大的冲突——男朋友是事业刚起步的年轻艺术家，喜欢天马行空无拘无束，不愿意做房奴，觉得租房子一样可以结婚；而她的父母，却觉得买房是最基本的结婚条件，没有房子算什么家！

女孩开始还站在男朋友一边，也觉得租房很浪漫，还可以体验不同的居住环境；可是随着越来越多亲友“他不给你买房，要么说明不够爱你，要么说明没有责任心”的劝说，她也开始动摇起来，开始跟男朋友赌气、争吵，甚至闹到了要分手的地步。

她一方面生男朋友的气，一方面也生亲友的气，觉得是他们一步步破坏了原本单纯美好的爱情。

看起来，女孩是受到了亲友的影响，事实上，在亲友背后还

有一个更大的影响势力，大到影响着一代又一代的人，而每个人都没有觉察到它的存在。这就是：集体无意识。

集体无意识，是弗洛伊德的学生、瑞士心理学家、分析心理学创始人荣格提出的一个重要概念。还记得前文提过的弗洛伊德的冰山理论吗？冰山露在水面上的一小部分，可以被我们觉察和认识的叫作意识，比如："我知道男朋友不买房不是因为不爱我，而是他热爱自由和艺术的生活。"冰山藏水面下的大部分，则是无意识或者潜意识，它们通常无法被觉察和认知，却更大层面上影响着我们的言行和选择，比如："只有拥有固定的居所才是安全的，自己的房子才是家。"

荣格在弗洛伊德理论的基础上，进一步提出：无意识分为个人无意识和集体无意识两部分。他用了一个形象的比喻来说明："高出水面的一些小岛代表一些人的个体意识的觉醒部分；由于潮汐运动才露出来的水面下的陆地部分代表个体的个人无意识；而所有的岛最终作为基地的海床，就是集体无意识。"

集体无意识又叫集体潜意识，通俗来说，就是族群的祖先们遗传给我们的生存经验和情感体验，潜伏在我们心理的最深层，就像一组组心理文化的遗传基因密码，作为一种典型的群体心理现象，无处不在。我们几乎意识不到、觉察不到它的存在，却无时无刻不活在它的影响之下，在一定条件下会被唤醒、激活，决定着每个民族的不同性格、行为和社会发展。

中国自古以来以农耕文化为主，农耕时代的特点就是：定居和聚居，建造房屋，饲养家畜。自己的房屋成了家的意象代表。虽然几千年以来，中国也在经历从农业时代到工业时代再到智能信息时代的变迁，但关于家的意象根深蒂固，就像老话所说：“金窝银窝不如自己的狗窝。”买房、建房就成了一代代人努力完成的大事。

相比之下，西方国家深受游牧文化影响，哪里有发展就去哪里，习惯了分散和流动居住，没有安居乐业的文化影响，所以“家”的概念和不动产并没有直接关联，这种集体无意识下成长起来的年轻人，就不太能承受买房才能结婚的巨大压力和束缚。

意识到了这一点，女孩对亲友的抱怨化为理解，但她不能理解为什么同样作为中国人，男朋友就没有这么强烈的买房意愿。

我问她男朋友的籍贯，她说：“内蒙古。”——这可能是一个巧合，但偶然之中包含必然，蒙古族的先祖们从渔猎到农耕，再变成游牧，逐草而居使他们生存得更好，而在他们的文化中，有一种说法是：“要是固定在一地，大地母亲就会疼痛，我们不停搬迁就像血液在流动，大地母亲就感到舒服。”这些文化背景，她男朋友或许全然不知，但集体无意识的影响，却一样在他的血脉里流淌。

了解了这些，原来关于“买房才是爱，有房才有家”的意识局限在女孩心中打开来，她最终可以安心地与男朋友一起共享她内心也很认同的精神游牧生活了。

集体无意识通常会通过“原型”和“本能”表现出来。本能比较好理解，荣格认为，“只有那些来自遗传的、普遍一致的、反复发生的潜意识过程才能称为本能过程”。本能是行动的典型方式，本质上是一种集体现象，与个人的独特性没有任何关系，比如人并不需要通过亲身经验才产生对黑暗和蛇的恐惧等。

那么，什么是原型呢？荣格所说的原型，是指在人类远古神话、宗教、艺术、哲学，以及其他一切文化领域会反复出现的共同形象。可以是人，比如英雄、智者、魔女，也可以是物，比如大地、曼陀罗图案，还可以是一种仪式化的过程。有多少典型的生活情境，就可以有多少原型，是人类共同的经验和情感的心理投射，是受集体无意识决定的心理内驱力。

比如，大家所熟知的图腾，就是各个民族集体无意识的原型表现。中国的图腾龙，是中国人想象中的完美生物，它有所有动物的优点，海陆空全能，呼风唤雨，腾云驾雾。龙图腾的象征意义就是，人们追求龙的境界，不断取长补短，完善自己，梦想终有一天能叱咤风云。

龙图腾代表的那部分集体无意识，又是如何影响着今天的我们的呢？

一个有心理学专业背景的妈妈来咨询，她在意识层面认同快乐比知识更重要，但当孩子从幼儿园步入小学阶段，她的养育焦虑就逐渐打败了她的专业认知。

她说老师在班级群里不断提醒各位家长：“成龙上天、成蛇钻草，要让孩子成龙成凤，爸爸妈妈就不能太放松了！”久而久之，她也开始动摇起来，尤其是当老师把她叫到办公室单独谈话的时候，她更加有羞愧和内疚感，担心自己原来的想法会不会把本来可以上天的龙儿子耽误了。

龙的精神，一方面鼓舞着人们向上、积极和坚强，一方面又有可能在我们的内心深处埋下一颗种子，认为只有成龙成凤才是高人一等的，只有高人一等才是成功的。

不仅有图腾这种原型的表现形式，人类还可能有出生原型、再生原型、死亡原型、智慧原型、英雄原型、大地母亲原型，以及许多自然物如树林原型、太阳原型、月亮原型、动物原型，还有许多人造物如圆圈原型、武器原型等。

荣格认为，“阴影、人格面具、自性、阿尼玛和阿尼姆斯”是原型之中最为典型和重要的。其中，阴影、人格面具及自性，在后文会详细讲，这里，我们先来了解阿尼玛和阿尼姆斯。

简单来说，阿尼玛原型是男性心中的女性意象，阿尼姆斯则是女性心中的男性意象，分别代表了我们每个人人格组成中都有的潜在女性倾向和男性倾向。代表女性倾向的阿尼玛，非常自动自发、依靠直觉，跟人格中的情绪性和生命力有关；代表男性倾向的阿尼姆斯，则强调理性主义，爱追根究底。反面的阿尼姆斯在神话传说中扮演强盗和凶手，甚至还会以死神的面目出现；而正面的阿尼姆斯则能够代表事业心、勇气、真挚，以及精神的深邃。

你的身上，是不是也具有这两个方面的倾向？哪个部分表现得更明显一些呢？

母亲往往是男孩的阿尼玛的化身。如果一个人的母亲对他有反面的影响，他的阿尼玛就经常有暴躁易怒、抑郁沮丧、优柔寡断、担惊受怕、神经过敏等负面表现；如果母亲对他的影响基本上是正面的，那么其阿尼玛就被内化为自己“梦中情人”的形象。

而父亲则常常成为女孩的阿尼姆斯的化身。如果女孩对自己的父亲丧失信心，她对男性的理想化也就可能丧失依托，对男性充满不信任感，或者渴望一个完美的男性来弥补自己理想化父亲的缺失；如果父亲对她的影响是正面的，那么其阿尼姆斯就被内化为自己“白马王子”的形象，她也更容易在两性关系中获得幸福感。

十多年前，一位现实版的落跑新娘来咨询。她谈过三场恋爱，每一场都是临到谈婚论嫁，她就逃跑了，离开原来生活的城市和圈子，跑得无影无踪，连以前的普通朋友也都要切断联系。

我请她描述父母在她心目中的形象，她说：“从来没见过父亲，母亲每次提起他，都会咬牙切齿地说：‘你记着，男人没有一个好东西！’”

这位新娘的困境，相信你能分析出大概了。

正像荣格所说：“个体化的自然进程里，首要就是形成一个稳固而强壮的自我，因而个体能于世上确立一种自我感。随之而来的，便是与他者及其置身其中的集体文化发生关联。”认识到这些关联，是进一步了解自我的必经之路。

○ 练习

写一写你记忆中印象深刻的“古训”或者俗语，看看它们是如何影响你的观念和行为的。

17
为什么你对初恋念念不忘

〈 情结 〉

A先生是一个人见人夸的好男人，工作家庭面面俱到，对妻子更是好得不得了。结婚十年，他没舍得让妻子洗过一次碗、拖过一次地，出门还会帮妻子拎包、系鞋带，让周围的女士们十分地羡慕嫉妒，活脱脱一个“别人家的老公”。

可是，就是这个“别人家的老公”，居然在一场同学聚会后，突然像变了个人一样，开始魂不守舍、鬼鬼祟祟，在家里也手机不离身，接电话还常常躲到卫生间里去。

妻子开始担心他是不是陷入传销组织，连连逼问之下，他和盘托出实情：原来，聚会上得知自己的初恋过得不如意，他突然产生了深深的内疚感——虽然当年是初恋主动离开他的，他对初恋也早已没有了爱恋，但他仍然控制不住自责地想：“如果当年自己坚持把她留下，也许她就不会像现在这么可怜了。”

因为自责，所以心里开始牵挂，他总想着怎么帮帮她。一来二去，初恋越来越依赖他，让他方寸大乱，一时间分不清自己到底只是同情还是爱情复燃了。

妻子得知真相，又震惊又伤心，怎么也不相信他居然也会有“外遇”。咨询室里，妻子一把鼻涕一把泪地说：“我是那么相信他，当年嫁给他就是看中他的人品，觉得全世界男人都有外遇了他也不会，谁知道他竟然也是这样的人！”

我问A先生：“你老婆以前很信任你，觉得你不会是有外遇的人，你怎么看自己的呢？你相信自己是这样的人吗？”

A先生说：“以前我相信，我从来没有做过对不起老婆的事，而且还劝别的朋友也别做。可是现在，我自己也糊涂了……一方面，我从来没想过背叛婚姻，但心里好像真的放不下初恋，总觉得该为她做点什么；另一方面，又觉得这样对不起老婆……如果这真的是外遇的话，我就太鄙视我自己了。”

A先生的内心到底发生了什么？

不知道你有没有注意到案例中的三个关键描述：当年是初恋女友主动提出的分手，现在觉得内疚的却是A先生；初恋过得不好，A先生感觉到的是自责，却不是心痛；A先生想为初恋做点什么，而不是想跟她在一起。

你可能听说过不少“有了现任，难忘前任”的故事，也听说过甚至经历过很多男性对初恋数十年还念念不忘的情况，不知道你有没有像心理咨询师一样发现这一点：这些念念不忘的大多数是当年被分手的人；而那些当年主动离开的人，反而较少会有这样的牵挂、内疚和自责。

这个悖论发生的原因在于：主动选择分手的一方，已经在形式和内容上都完成了关系的终结，完成了自己作为前任的角色体验；而被分手的一方，则突然被剥夺了完成这段关系和角色体验的权利，在爱情中聚集的心理能量突然失去了倾注的方向，原本的计划和设想也都突然被宣告死亡。这些突然的丧失，会让人充满遗憾和内疚，只要有机会，就希望能做些什么来完成它。

心理学上，把这种现象叫作蔡格尼克效应，也叫未完成情结。

心理学家蔡格尼克做过这样一个实验：她邀请了 32 位被试者参与她的实验，要求每个被试者都去做 20 件指定的工作，其中一半的工作在未加干扰的状态下，允许被试者完成；另一半的工作在被试者执行的中途加以阻止，让被试者不能完成。实验结果发现，被试者对没有完成的工作的记忆比对已经完成的工作更多。未完成的工作平均可回忆起 68%，而已经完成的工作只能回忆起 43%。

换句话说，**人们更容易忘记已经完成的事，而对未完成的事念念不忘。**比如 A 先生，初恋是他的“未能完成的”“不成功的”事件，所以才会在有机会完成时回到以前戛然而止的关系节点里，通过内疚、自责和为对方做些事情，来扳回自己失败者的体验，重建价值感。

其实，妻子最初的信任并没有错，A 先生不过是落入假性外遇中，当他看清楚未完成情结对自己的影响，了解到自己需要的不是与初恋重新恋爱，而是给自己一个交代的时候，内心平静了许多，不再遮遮掩掩，也更有力量在关系中划清界限，在妻子允许的范围内来帮助初恋女友了。

未完成情结，不只发生在初恋之上，有的人会因为童年养的宠物被送人，成年后养一大堆宠物；有的人会因为没有得到赞美而一生都在寻求他人的肯定。

著名的日本硬汉影星高仓健，一生努力冲刺，就是为了博得母亲的一句夸奖。母亲去世后，他在获得 1993 年第 13 届日本文艺大奖的最佳随笔《期待着您的夸奖》中说："我的一生，母亲很少夸奖过我。……妈妈，我期望得到您的夸奖，就是为了这个，我背着您讨厌的刺青，污血溅身……我一定要找到一位能代替您夸奖我的人。"

未完成情结的力量是巨大的，我们每个人身上可能都有这样的情结，而每个人也都有完成它的冲动。要让这样的冲动不毁灭当下的生活，我们需要做的是：直面情结背后的伤痛，与它对话，在心理层面上而不是现实层面上完成它的转化。

未完成情结只是众多情结中的一种。情结是荣格分析心理学理论中另一个重要概念，是指一些互相联系的潜意识内容的群集，是整体人格结构的一个独立存在的心理单位，就像人格碎片。它蕴藏着非常多的心理能量，一种活跃的情结会暂时将我们置于一种强迫状态，置于强迫的思考和行动状态，甚至出现强迫性重复。

强迫性重复，指的是个体不断重复一种创伤性事件或境遇，包括不断重新制造类似的事件，或者反复把自己置身于一种“类似的创伤极有可能发生”的处境里。例如，一个被初恋“渣男”伤害的女生，在以后的恋爱经历中反复地遇到“渣男”。

情结的出现与消失都有规律，往往不受我们意识的支配，甚至能够支配我们的意识自我。情结在无意识中形成与积累，当它逐渐膨胀到一定程度的时候，就有机会发作而表现为我们人格与自我的“替代主角”。

情结深藏在潜意识之中，有积极情结与消极情结之分。因此，有的情结能够带来温暖与爱意，有的情结却会让人情绪失控、失去理智，毁掉本来可能实现的幸福生活。当一个人身上的情结被激活后，这个人就会有一种失去控制的感觉，一种完全身不由己的感觉。

例如，一个具有某种性情结的人，当他看见或听见具有性暗示的材料时，或者在书上读到与性并没有直接关系，但容易引起性联想的字眼或行动时，他就会感到情绪低落、惶惶不安。

情结是一种人人都有的正常心理现象，它们在内容、数量、强度和根源上有很大差异，有的产生于创伤性事故或经常重复的经验，有的来源于道德的冲突，而所有情结背后都有着更加深刻的起源，也就是集体无意识中的原型。

比如，约拿情结。“约拿”是《圣经》里的人物。他本身是虔诚的基督徒，并一直渴望得到神的差遣。神终于给了他一个光荣的任务，去一座本来应被罪行毁灭的尼尼微城劝人悔改，否则城将被灭亡。约拿却抗拒这个任务，他逃跑了，躲避着他信仰的神。

神找到他，唤醒他，惩戒他，甚至让一条大鱼吞了他。最后，他终于知错，前往尼尼微城宣告神的意思，最终尼尼微城的人在神面前禁食悔改并获得赦免。

“约拿”指代渴望成长又因为某些内在阻碍而害怕成长的人。约拿情结，指的是一种惧怕成功、成长的恐惧情结。有约拿情结的人总是会在潜意识中给自己设置各种障碍，让自己没有办法取得应该有的成就。

又比如，大家常听到的恋父、恋母情结。有严重恋父情结的女孩，会一直找大叔谈恋爱；而有严重恋母情结的男孩，婚后则常常会因为婆媳关系问题而产生夫妻矛盾甚至婚姻危机。

此外，还有很多典型的情结，比如英雄情结、救世主情结、圣母情结、批评情结、处女情结、受害者情结、复仇情结等。

如果不想被情结毁了当下的生活，我们可以借助一些心理咨询与治疗的方法，帮助自己解开情结，比如接受长程的精神分析、接受认知行为治疗等。

○ 练习

随机翻阅词典，选择 100 个词语进行联想，看看你对哪些词的反应比较大，在哪些词语的联想上有困难等，记录下这些词语，一个个梳理其背后的故事，看看自己都有哪些未完成事件，这些事件又是如何影响你当下的生活的。

18
你了解自己内心的阴暗面吗

〈 阴影 〉

我见过许多让人非常心疼的案例，其中最揪心的是一个 4 岁的小女孩。

小女孩的爸爸由于多年的抑郁症没有得到有效治疗，最后选择了自杀，而他自杀的方式是当着女儿的面从楼上跳了下去。

小女孩的妈妈和外婆带她来见我。孩子一进门，打量了两眼接待室后，便一个人径直走进咨询房间。我示意妈妈和外婆在外等候，然后关上咨询房间的门。

“我家里的小白兔死了。”小来访者开口就说。

“是吗？”我微微一愣，因为当天早上，我女儿养的小白兔也死了。

我说：“阿姨家里的小白兔今天早上也死了，阿姨心里会有点难过呢。你的小白兔死了，你心里是什么感觉呢？”

小女孩一边摆弄沙盘一边说：“难过呀，因为它才刚来我们家几天就死了！”她美丽的小脸庞上看不出任何表情。

我接着说：“跟阿姨家里的小白兔一样呢，阿姨都没有来得及跟它说再见。你跟你的小白兔说再见了吗？”

小女孩摇摇头说：“没有。我的爸爸也死了，跳楼死的，也没有来得及跟我说再见。我看见他掉下去了，掉到三楼阳台上了，一片白白的光……”

我的心柔柔地痛，轻声说：“阿姨听到了，阿姨也很难过。你心里是不是有很多话还想要对爸爸说？”

小女孩点点头，拿起旁边的彩笔，一边在手背上画画，一边说：“嗯，我想对他说话，我就在手上画画，爸爸能听见。但是，妈妈和外婆不让我画，所以等一下我要擦掉。”

我也把手背伸过去，说：“阿姨让你画，你还可以在阿姨的手上画。”

小女孩握住我的手，开始不停地画不规则的线条。一边画，一边开始跟爸爸对话……

这是我们的第一次谈话，咨询结束的时候，我握住小女孩的手说：“我们都不擦掉手上的画好不好？从今天开始，妈妈和外婆也会允许你用画来跟爸爸讲话的。”

女孩将信将疑地看着我，我跟她拉钩、盖章，约定明天再见。

你也许会很好奇，为什么我要让小女孩在我的手背上作画呢？

原因是：我通过手背上的画，看见了这个家庭的阴影。这个阴影，不是指爸爸自杀这个创伤事件本身，而是指不允许表达哀伤。

阴影是荣格理论体系中的原型之一，简单地说，就是被人们意识否认排斥的部分，通常也是社会规范和道德准则不允许表达的部分。荣格说："每个人都有阴影，它在个体的意识中表达得越少，它就越黑暗、越密集。如果一种低劣的东西能被意识到，个体总是有机会去改正它。但是如果它被压抑，并与意识隔离开来，它就永远不会被修正，从而倾向于在潜意识的某一时刻，突然地爆发出来。"

我们来看这个小女孩的故事。

爸爸的意外离世，是整个家庭同时要面对的创伤事件。表达哀伤和告别，本来是正常的心理需要和必经的心理过程，但妈妈和外婆同时选择了阻断和隔离。

事实上，爸爸去世后的很多天里，全家人都闭口不谈这件事，甚至互相都不当面哭泣。妈妈和外婆跟小女孩最初一样，面无表情，她们试图以一贯的坚强和理性来保护小女孩，直到发现孩子越来越多奇怪的言行，才想到来咨询。

我跟妈妈、外婆一起讨论，为什么面对悲伤，她们会一同选择回避。妈妈说，家族里历来似乎就是这样，当年她最亲近的奶奶去世的时候，大家也都表现得很冷静坚强；外婆说，因为不知道哪一代传下来一个规矩：亲人上路不许哭。而且，家里从来不谈论晦气或者不光彩的事情，谁遇到了谁就自己扛着。至于原因，谁也不知道为什么。

我把家庭阴影的代际传递解释给妈妈和外婆听，帮助她们了解：每个家庭中，传递的不只是正面的价值观和信念，还有集体压抑所产生的阴影。

家庭中发生了不幸事件后，如果家庭成员们不能共同面对和处理情绪的话，这个事件到后来就很可能变成一团谜；同样，假如大人认为自杀是丑闻而加以掩饰的话，家庭中又会多一个需要紧守的秘密。当这些创伤、灾难和悲剧统统被压抑到家族的潜意识中后，这些不幸的记忆就会不断在下一代重现。往后每代子孙都可能因为某个单一事件，再次经验到相同的创伤，也同样压抑下来，而不知道真正的原因何在。

要想解开阴影魔咒，就需要情感的光照进理性的裂痕，让每个家庭成员直面真实的感受和事件，让家庭在危机事件中站在一起，而不是分崩离析。

在后来的咨询里，我循序渐进地帮助一家人慢慢接近哀伤、表达哀伤，让三个人相互接受彼此的脆弱、愤怒、被遗弃感及深深的恐惧，直到他们能够相拥而泣，不再遮掩和回避家庭的变故，共同完成心理层面上的告别仪式。

结案的时候，我跟小女孩的妈妈做了一段不同寻常的沟通——正如我感觉到的那样，他们家里从来没有养过小白兔，而小女孩是真的看见了那只曾经存在的小白兔，就像我能看见她的“看见”。或许，这只有象征意义的小白兔，是家庭阴影的缩影，在所有的不允许之下跳出来，给孩子一个喘息的机会。

结束的时候，小女孩的妈妈充满善意地说：“如果这个故事写下来可以帮助更多的人的话，我很愿意您把它写下来。”而我的小来访者说：“我不想说再见。”我说：“鲜花！”她美丽的双眼光芒流淌，笑着倒在我怀里说：“月亮！太阳！”

荣格说：“一个人终其一生的努力，就是在整合他自童年时代起就已形成的性格，而生命就像以根茎来延续生命的植物，真正的生命是看不见、深藏于根茎的；露出地面的那部分生命，只能延续一个夏季。”

如果一个人或一个家族的阴影被压抑、从不出现，他和他的家族将会活得肤浅而缺少生命力。不幸中的万幸是，突如其来的天灾人祸，让小女孩的家庭有了转化的机会，听到过去没有机会倾听的内在声音，卸下伪装坚强的盔甲，跟脆弱的自己和家人亲密相处，重新拥有真实的生命力。如果没有机会认识阴影的影响，个人就会偏向发展，无法成为一个完整的人。

根据受压抑的自我的性质，会形成黑色及白色两种阴影。

黑色阴影的产生是由于本能受到压抑，比如压抑性欲或攻击性。这种现象在品格高尚、有好名声的人身上特别容易出现。有时，他们所否认的黑色阴影会对抗当前的价值观，使他们去反抗社会规范、违犯法律、与人相争、嫉妒或羡慕他人、想要掌控，以及无节制地放纵性欲。

曾经有一位优等生来咨询，问我为什么历来循规蹈矩的她，却常常有种搞些小破坏的冲动，比如趁着老师不注意把粉笔藏起来，或者过马路的时候去闯红灯。她很怕这样的自己被别人发现，也怕自己将来做出更加出格的事情。

显然，这些都是没有被接纳的黑色阴影所为，要避免更大的破坏，优等生只有跟自己的阴影和解，然后把被压抑的攻击性转化为良性的行为，比如学习剑道、跆拳道等。

白色阴影，则是德行或灵性倾向没有得到发展或受到压抑所造成的。它的起因是童年受到家庭和社会所施加的压力，被强迫以偏差的态度和行为作为标准。

比如，一位家族企业的继承人害怕乘飞机、有飞行恐惧症，而他发病的原因是家里以前是靠生产和贩卖假货起家的，所以他天性中的诚实和守信被压抑，成为他的白色阴影。每当他想要表现得诚实一点，一个声音就会跳出来恐吓他："你父母打下的江山就要毁在你手上了！你这个不孝之子！"

就像优等生要与自己的黑色阴影和解一样，这位继承人也只有学会跟自己的白色阴影和解，接纳自己的美德部分，相信这部分并不像自己担忧的那样脆弱无能，才能最终面对现实生活里的飞行。

阴影的存在，除了对自身的人格发展有影响外，还会影响到人际交往。比如，一个自以为慷慨大方的人，如果不了解和接纳自己身上自私吝啬的阴影，往往就会认为别人都是自私吝啬的。因为他在别人身上看到自己的问题，比在自己身上看到要容易接受得多。这种现象叫作“投射”。

投射作用，也可反过来帮助我们认识、接纳和转化自己的阴影。

心理学中两个著名的投射性测验，罗夏墨迹测验和主题统觉测验，都是通过图片联想和叙事来进行的，同样的图片，有不同阴影的人看到的和讲出来的可能完全不同。

同样，你也可以通过现实事件和生活画面来进行自我测试。比如当面临同样的情形，你发现自己和周围人的看法和感受完全不同时，不妨顺藤摸瓜，深入寻找背后被压抑的阴影究竟是什么。一个能让你生活得更有觉察力的方式是学会告诉自己：如果某个人或某件事让我不舒服，那很有可能是我在其身上看见了自己没有意识到的阴影部分。

就像那个经典的老故事：苏东坡与佛印。

有一次苏东坡和佛印一起打坐，苏东坡问佛印：“你看我打坐的时候像什么？”

佛印说：“我看你像一尊佛”。苏东坡则说：“我看你像一堆牛粪！”

苏东坡以为自己赢了，而苏小妹就像学过心理学似的，道出了其中的奥秘。她说：“佛印看你像一尊佛，是因为他心中只有佛，所以他看什么都是佛；而哥哥你呢？”

19
雌雄同体，是一个人的顶级魅力

〈 人格面具 〉

2002 年，我应邀为上海热线制作了 50 多期心理类视频谈话节目《与心理医生面对面》，做过国内首次由同性恋者亲自出镜的对话访谈，嘉宾是一位美籍华人。访谈结束后，在场的工作人员纷纷表示：这位坦率真诚、兼具男性阳刚和女性阴柔的嘉宾很有魅力，让人很想跟他做朋友。

不只是这位嘉宾，我接待过的大多数同性恋来访者，日常生活中人缘都很不错，和同性、异性都能成为很好的朋友，有的甚至是一堆朋友陪着来咨询的，好像性取向的不同不仅没有影响他们彼此之间的友谊，还让他们相处起来更加轻松和真诚。

这一点，或许跟大多数不了解同性恋者所想象的不一样。事实上，心理学家很早就做了相关的研究和调查，有过类似的发现。

弗洛伊德说，一个正常人的行为从来不是完全的男性化或者女性化的；而荣格理论中的“阿尼玛和阿尼姆斯”，则用“男性的女性意象”和“女性的男性意象”两个术语，说明人类先天具有双性化的生理和心理特点，也就是说，**每个人内心都同时住着一个男性人格和一个女性人格，只不过很多时候它们一个睡着，一个醒着。**

有个叫桑德拉·本姆的美国心理学家，编制过一个量表，用来测量性别角色。这个量表将一个人的性别特征分为四种：男性化、女性化、双性化和未分化。通过研究，她发现：四种性别特征中，最受人欢迎的是双性化，而最不受人欢迎的则是未分化。双性化作为一种最为理想的性别模式，集合了男性和女性的性别优点，在心理健康、自尊、自我评价、适应能力、情绪调控、压力化解、人际关系等方面都比其他类型要好。

如果一个生理性别是男性的人，除了具备男性特质中的坚强、刚毅、大气、有头脑、强壮、主动等，还具备了女性特质中的温柔、细腻、体贴、脾气好等，我们就说他具备了双性化人格，刚柔并济；反之，女性也一样。但如果一个男性过于女性化，缺少了男性本身的特质，则会成为大家常说的“娘娘腔”。

美国心理学家曾对两千余名儿童做过调查，结果发现：过于男性化的男孩和过于女性化的女孩，在智力、体力和性格的发展上都比较片面，智商、情商也相对较低，综合学习成绩不理想、严重偏科，缺乏想象力和创造力，要么缺少主见，要么固执己见，同时难以灵活自如地应对环境。相反，兼有温柔、细致气质的男孩，以及兼有刚强、勇敢等气质的女孩，却大多发展全面。长大后，这些兼有“两性之长”的男女在竞争激烈的社会里，也更能占据优势地位。

我女儿小圆子4岁的时候学习轮滑，遇到一位寸头教练，小圆子好奇地问：“你是男生还是女生？”教练想也不想爽快地回答：“都行！”这个“都行”，让本来就气场十足的教练更加人气爆棚。

谁不喜欢这样幽默豁达的人呢？而这样的豁达和应变力，正是来自人格特质中的双性化，开玩笑来说的话，就像心理层面上的“雌雄同体”。

不过，不要误会，双性化不是中性化，更不等于同性恋者。就像荣格所说，每一个人都应该有阿尼玛和阿尼姆斯这两者的结合，自我才是完善的。人格的成熟，意味着男性发展出女性特质、女性发展出男性特质。比如，人到中年之后，女性更果敢，男性更温和。这种结合了男女两性优点的人格特质，才被称为“双性化人格”。具有双性化人格的人在文学、戏剧、摄影等领域都有更大的成就，比如达·芬奇、莎士比亚、济慈等。

男性特质与女性特质，各有用武之地，男性特质可以助力你的事业，女性特质会滋润你的生活。掌握了这一点，你就可以在职场和家庭中玩转雌雄同体的cosplay（角色扮演）。

虽然灵活运用两性特质可以帮我们在工作和生活中如鱼得水，但假如某种特质的使用并非本性使然，而是努力伪装出来的，就要另当别论了。

C女士是一家生产型企业的部门主管，单亲妈妈。常年的工作习惯和男性化的工作环境，让她的男性特质得到了极大的发展，深受上司和同事们的欣赏。

可是，再多的欣赏也抵不过青春期儿子不屑的一句："你就是一个什么都不懂的男人婆！"听到儿子这么说，C女士觉得自己的人生观瞬间都坍塌了，以前的努力好像都失去了意义。她说，一直以为自己的付出儿子会懂，没想到最后自己在儿子心中成了这样一个形象。

C女士的问题，牵涉荣格理论中的另一个概念：人格面具。它指的是一个人为了迎合和适应社会期待与获得认可，而表现出来的人格的各个侧面。在不同的社交场合，人们会表现出不同的形象，就像戴上不同的面具，面具往往有很多个，而人格就是所有面具的总和。

人格面具对于一个人的社会生存来说是必需的，它使我们能够与各式各样的人交际，帮助我们适应社会，得到认可，但同时也会隐藏真实自我。如果没有自我觉察，就可能将某个面具当作真实的自己，过度使用后就再也摘不下来了。

我在太原讲课的时候，专程去了一趟晋祠圣母殿，那里有一尊著名的仕女像：她的脸向着圣母的一方在微笑，而背着圣母的一方却是哭泣和悲伤的。梅兰芳先生曾经在那里驻足三个月，揣摩人像的内心世界。

对于仕女来说，微笑是面具，悲伤才是真实。而对于C女士来说，“男人婆”也只是为了适应工作环境而戴的面具，只是过度使用后回到家里也忘了摘下来，所以才会让儿子如此失望。

每个人的人格里，都可能有一些常用面具。有的是为了自我保护，有的是为了赢得现实利益，有的则是为了隔离不被自己接纳的真实自我。你常用的面具有哪些呢？哪些是在做自我隔离？

戴着面具的假我，很难与人建立真正亲密的关系，也很难焕发持久的生命力。要想避免面具的过度使用，你可以经常给自己“去角色化”，就像演员必须要从自己饰演的角色里走出来，才能做回自己一样。

而想要做回自己、摆脱人格面具的负面影响，你就要有勇气相信：你的真实自我虽然不完美，却是完整的、独一无二的，就像“苔花如米小，也学牡丹开”——你也一样可以活出自己的霸气。

这样的真实自我，具有意识与无意识相互补偿所形成的心灵完整性。

20
如何从中年危机中找到发展自我的机遇

〈 彩蛋 〉

步入中年，上有老，下有小。老人随时可能会出现健康问题，需要照顾，小孩学业问题、叛逆问题，需要各种操心。

我是一家的顶梁柱，里里外外都需要我。但是工作上我很难有进展，已经爬到一个位子，上升无望，下面有一大波肯拼命、相对薪水低的年轻人在虎视眈眈地盯着我的位子。学习新东西的精力与接受能力都不行，转行更不可能。就这样混着，看不到多大希望。家庭、生活、工作带来的压力每天都在逼迫着我，想要改变又会有各种担心，甚至不知道该如何改变。陷入迷茫，这日子该怎么过下去?

听起来，这是典型的中年危机。

真实的自我，就是自己本来的样子、自己的中心、精神和心灵的胚胎种子。后来的自己，像根茎、枝叶、果实，全都从它生长而来。真实的自我，在荣格的理论里叫“The Self”，被翻译成“自性”。一个人成为真实自我的过程就是“自性化”。

荣格的自性理论是他在对集体潜意识的长期探索和研究的过程中提出来的，是荣格思想核心中的核心，强调：意识与潜意识相互补偿所形成的心灵完整性。

如果说人格整合更多的是技术层面的操作，自性化则是由内而外自然生长而成的整合人格。

用生长的整合方式来看这位中年朋友的问题，先要区分意识层面的自我和潜意识层面的自我分别是什么，又分别在执行着怎样的标准。

意识层面的他，是一个充满责任感和压力感、想改变又不知如何改变的无奈的中年人，面对的是现实的焦虑；而潜意识层面的他，事实上却是在恐惧和对抗改变，因为所有的改变都在提醒着他的日渐衰老和生命的虚无感，面对的是存在和死亡的焦虑。

死亡焦虑是人类的普遍话题，越是没活出真正自己的人，对死亡就会越恐惧，越想要寻找新的人生意义。为了逃离内心的无意义感和恐惧感，他们可能会突然摒弃以往的价值判断标准和生活方式，富有的人开始断舍离，不富有的人开始大手大脚购买贵重物品；他们可能从未打算离婚，但就是喜欢跟年轻的女孩在一起；他们努力健身、辟谷，但仍然还是半夜梦到高考或被追赶，一身冷汗地醒来……

因为这些行为都只是在真实自我的外围打转，没有深入被称作自性的核心区域，所以并不是自性化。

自性化表达的是这样一个过程：一个人最终成为他自己，成为一种整合性的、不可分割的，但又不同于他人的发展过程。通俗来讲，**自性化过程，就是找回自己、成为自己的过程。**用荣格的话来说就是："自性化的目标主要表现在两个方面，其一，为自性剥去人格面具的虚伪外表；另一方面，消除原始意象的暗示性影响。"

意识层面的自我，随着年龄的增长，在中年以后才会通过人生体验的加深和自性建立牢固而持久的关系。因为，当人们在达到了社会、婚姻和家庭生活这些最初的目标之后，就会进一步寻求存在的意义。许多人由于找不到人生存在的意义，而造成精神空虚、颓废，甚至陷入神经症之中而无法自拔。

就像这位朋友，人到中年，正好是时候向内生长，而不是向外改变了。具体来说，建议这位朋友从下面的几个练习入手来改善自己的状态。

（1）记录每天的梦境，持续一个月，看看有没有经常出现的意象或者主题，了解它们的象征性意义。比如被追赶、逝去的亲友等。然后，围绕这个梦写一个新的故事，并对梦进行加工再造，直到自己喜欢和满意为止。

（2）整理自己的阴影。危机，摇动生命的根本，却也是最大的转化机会，过去没有机会倾听的内在声音，这时候都会纷纷冒出来。所以，记录心里的各种独白和对白，尤其是那些"你不许”“你不能”“你不该”，看一看它们背后藏着你怎样的阴影。

(3) 与自己的阿尼玛和阿尼姆斯对话。找找自己身上的阿尼玛和阿尼姆斯，请阿尼玛协助你处理家事，阿尼姆斯则作为你工作的助理；同时，试一试拿掉自己最常用的一个人格面具，哪怕只有一次，看看会发生什么事情。

(4) 用荣格最喜欢的方法，就是画出自己的曼陀罗。

曼陀罗，也叫坛城。它是修行的道场，意味着心灵最高的和谐与圆满。荣格当年正是通过曼陀罗绘画的创造过程，克服了自己的心理危机。这是一种能深入自我的核心，走向自性化的好方法。

曼陀罗的基本原理是：

(1) 借助外在平衡来恢复内心世界。如同很多人心情不好的时候就喜欢收拾房间，把屋子收拾得干干净净时，心情也就好了。

(2) 象征化。通过第一条原理，在心理平衡有序的基础上，把内心的冲突以艺术的方式表达出来，从而起到无意识意识化，整合心灵矛盾冲突的作用。

创作曼陀罗具有整合意识与无意识的冲突、预防与修复内心分裂、领悟生命意义，以及明确人生方向的功能。创作曼陀罗的过程能够消解意识的矛盾，并与个人心灵深处的生命力量相对应，利用这种强大的力量，稳固地控制住自己的情绪，舍弃杂念、静心冥想，达到沉淀心灵的作用，进而厘清自己的思想意识，活化脑力，提升自己的思维和控制能力，加强解决问题能力，最后转消极为积极，实现自我疗愈。

具体怎么画曼陀罗呢？

首先，准备好一张A4纸、一盒彩笔、一支铅笔、一个能够帮助你画圆的工具，比如圆规、碗、杯子等，还要准备一把尺子和一个量角器。

接着，让自己平静地坐下来，注意力集中在呼吸上，在呼吸中让自己沉静。

然后，用铅笔在白纸上画一个大圆圈，标出圆心。用量角器将大圆圈八等分，每份都是45°角，用线条把它们标注出来。再在大圆圈的中心画一个小一些的形状，菱形、四方形、圆圈或星形都可以，只要跟随你自己心里的感觉就好。

下一步，在第一个形状外、大圆圈内画上另一个同样的形状。以此类推，在圆圈内不断重复画同样的形状，包围中心的图案。在大圆圈外画新的图案，不断扩大曼陀罗。你可以在大圆圈内外画任何你喜欢的图案，图案可以交叉重叠，没有好坏对错，它只是用来帮助你整理自己的。画完后，给它涂上你喜欢的各种颜色。

就像整理房间有助于整理烦乱的心情一样，其实手绘曼陀罗，不需要太多的分析，绘画过程本身就是最大的意义。每天或者每周画一幅，持续下去，属于你的独一无二的答案就会渐渐浮现出来，而你正在做的，便是不断接近真实的自己。

完成曼陀罗绘画后，你可以尝试从不同的角度来欣赏自己的作品，体会它带来的心情及联想。然后，可以选择在作品旁边，或者在专门的本子上，用心记下你对它的体验、联想和感悟。最后，根据图形或领悟给自己的作品起一个恰当的名字。

电影《冰雪奇缘》中，冰雪女王艾莎，因为小时候无意中用自己的魔法伤到了妹妹，对魔法产生了深深的恐惧，觉得自己是个坏女孩，一心想要控制自己。但她越害怕，越无法控制，直到最后她不再压抑真实的自己，勇敢地唱出“Let it go”，魔法的破坏性也最终被爱转化。这个过程，就像绘画曼陀罗的过程一样，帮助艾莎找回了真实自我，一步步完成自性化。

CHAPTER FIVE

第 5 章

建构我，与万物互联是一种什么体验

〈 自我建构 〉

21 拥有一个亿是一种什么体验

〈 自我实现 〉

整个心理学的发展历史中，各派心理学家们根据各自的理论假设和人性假设，对自我进行了各不相同的定义和建构。这些假设都只是为我们认识自己提供某种视角和通道，而不是提供唯一和绝对的答案。

认识自我，除了有深度，还要有广度。认识自我，既包括认识人之为人的独特性，也包括认识人与万物的相互关联性。自我认知的疆域越广阔，由自我设限带来的困扰也就越少。

20 世纪 50—60 年代，在美国诞生了人本主义心理学流派，由马斯洛创立，以罗杰斯为代表，被称为除行为学派和精神分析学派以外，心理学上的“第三势力”。人本主义和其他学派最大的不同是特别强调人的正面本质和价值，而不是集中研究人的问题行为，并强调人的成长和发展，称为自我实现。

人本主义心理学强调人的尊严、价值、创造力和自我实现，把人的本性的自我实现归结为潜能的发挥。

马斯洛的需要层次理论认为：人类的需求是以层次的形式出现的，由低级的需求开始，逐级向上发展到高级层次的需求。

需求由低到高，分别是：

- 生理需求：级别最低、最急迫的需求，比如食物、水、空气、睡眠。
- 安全需求：较低层次的需求，包括对人身安全，生活稳定，免遭痛苦、威胁或疾病、身体健康，以及有自己的财产等与自身安全感有关的需求。
- 社交需求（情感与归属需求）：较高层次的需求，比如对友谊、爱情和隶属关系的需求。
- 尊严需求：较高层次的需求，比如成就、名声、地位、晋升机会等。
- 自我实现的需求：最高层次的需求，包括针对真、善、美至高人生境界获得的需求，比如自我实现、发挥潜能等。

通俗地说，自我实现是指一个人的各种才能和潜能在适宜的社会环境中得以充分发挥，实现个人理想和抱负，也就是达到身心潜能充分发挥境界的过程。自我实现更多的是一种发展过程，而不是一种存在状态。

如果一个人较低层次的需要得到满足，就会衍生出下一个层次的需要；但如果内心追求自我实现的愿望足够强烈，那么即使另外四个需求没有全部满足也一样会达到，只是可能与外界出现冲突和不平衡。

一位企业家在别人眼里功成名就，他却越来越感到空虚、苦闷和虚无。我问他做什么事情的时候才不会有这些感觉，他说：“写诗的时候。我本来只想做个诗人，但父母、妻子、儿女都需要我成功和富有，我很无奈。为了他们我只有不断拼命努力，但真的一点都不快乐，还总会担心万一哪天失败了、破产了怎么办。”

听起来似乎真的很无奈，但仔细分析，便会发现：一个人之所以在无奈的道路上越走越远，一定是自己的某些需要得到了满足，而不是表面上看起来的只是为了满足他人需要。对这位企业家来说，做企业虽然不是自己的真爱，但20年前之所以弃笔从商，是因为从商比做诗人更能满足自己生理、安全、社交及尊严四个层次的需求。当这四个层次的需求得到了满足后，自我实现的需求才会真正浮现出来。

也许你会说，他已经是一位成功的企业家了，难道还没有自我实现吗？实际上，这是很多人都有的误解，误以为取得成就就是自我实现。

心理学家的研究发现，地位的高低、收入的多寡、取得了多少荣誉等，和自我实现并没有直接的关系。自我实现更多是对心灵完善和人格完整性的追求，而不是外在的追求。只有当一个人做一件事情感到欣喜若狂、如醉如痴时，才有可能是真正的自我实现，达到全然忘我的“高峰体验”状态。

自我实现是一个人存在的最高、最完美、最和谐的状态。虽然这位企业家还清楚地记得当年写诗的时候所感受到的状态，但他的自我身份认知停留在了成就、名声、地位等尊严需求的满足之上，不能理解为什么拥有了这些自己却依然不快乐。

我问他是什么原因让他觉得不能一边做企业一边写诗，他说压力太大，没有了想象力。我又问：“除了压力外，有没有恐惧呢？”

他沉思了很久，点头说：“我想起来了，我其实一直很怕自己的诗人情结一旦打开，理性就会被感性淹没，再也没有斗志把企业经营下去了。企业一旦出问题，我岂不是又要从头解决一家老小的生存问题？”

我紧接着他的话问：“真的有这么大的影响吗？”

他想了想，笑了，说：“有点夸张了，生存应该不是问题，财务方面我都有安排。这么一想，好像偶尔感性一下也没那么可怕。”

所以，当自我实现的需要浮现出来时，真正阻碍它的不是外界的需要，而是自我设限。

一个女孩说：“快毕业了，想留在上海工作，做游戏行业。但是爸妈不同意，他们觉得我一个女孩子回老家过安稳的日子就行了，可老家只是个三四线小城，没有啥互联网公司。我一说自己想追求职业理想，妈妈就在电话里哭闹，时间一长，我自己也动摇了，想回去，以便满足爸妈的愿望。可是，面对已经到手的工作机会，是咬牙继续在上海，还是听爸妈的话回去？”

女孩的叙述里，包含着自己的需要与父母的需要的双重关系。父母对她的关心停留在最低层次的生存需要上，同时他们希望女儿满足他们的爱与归属的需要；女孩跟他们的对话则直接跨越到自我实现部分，越是想说服父母，越是会引发他们的焦虑。

聪明的做法是：抽时间回家，与父母面对面沟通。先回应父母关于生存和爱与归属的需要，通过现实数据，比如工资收入、留沪学长的成功经历、自己三五年的蓝图愿景等缓解父母的现实焦虑。再通过情感回应，告知父母自己将如何与他们保持密切联系，包括接他们到上海参观公司、与同事朋友交流等缓解父母的情感焦虑。与此同时，想办法让父母感受到职业理想对自己的无可替代的重要意义，温和而坚定地持续沟通和对话，就有机会向自我实现的目标不断迈进。

能够自我实现的人是幸福的，他们会具有下面的心理特征。

- 全面和准确地知觉现实。

- 接纳自然、自己与他人。
- 对人自发、坦率和真实。
- 以问题为中心，而不是以自我为中心。
- 具有超然于世和独处的需要。
- 具有自主性，在环境和文化中能保持相对的独立性。
- 具有永不衰退的欣赏力。
- 具有难以形容的高峰体验。
- 对人充满爱心。
- 具有深厚的友情。
- 具备民主的精神。
- 区分手段与目的。
- 富于创造性。
- 处事幽默、风趣。
- 反对盲目遵从。

大学时代，我听过作家路遥去世前不久的一场珍贵讲座。路遥讲到自己把自己关在山上写《人生》，有灵感的时候几天几夜奋笔疾书，没有灵感的时候就在山间奔走。写完最后一个字，他奋力将笔从窗户扔了出去。下山回家后，居然笨到连马路都不敢过，需要妻子扶着自己。

写作是路遥自我实现的方法，虽然这让他的现实适应能力退化，但比起非自我实现的人的恐惧、自怨自艾、谨小慎微等，他又是无比幸福的。不过，自我实现的人并不是十全十美的完人，在他们身上也依然存在不少缺点。

要想成为自我实现的人，不但要对自己有深刻的了解，同时还要避免对自我实现的一些误解，我们要记住以下两个方面。

（1）高度自我实现的人不一定比其他人更快乐。

在追求更高的价值和意义的过程中，同样会遇到新的困难和痛苦，这是一个螺旋式上升的人格完善过程，而不是一条直线、一帆风顺的。

（2）高度自我实现的人不一定是功成名就的人。

人与人之间千差万别，自我实现在每个人身上都有不同的表现形式，成为一个尽职的母亲、运动员、大厨等都可能是不同的人自我实现的愿望。

如果你也希望自我实现，可以试一试下面的做法：

- 尝试全神贯注，忘怀一切地做一件事。
- 勇敢选择成长，而不是畏惧退缩。
- 倾听自己内心最强烈的那个声音。
- 诚实担责，而不是伪装隐瞒。
- 不断进行人格完善和整合，让自我实现成为一生的过程，而非一蹴而就的结果。

○ 练习

这是一份自我实现简短指标量表（Short Index of Self-Actualization，简称 SISA），你可以测试一下，看看自己离自我实现的状态还有多远的路。

自我实现简短指标量表

共 15 道题目，每个题目有 6 个选项，1、2、3、4、5、6 分别代表了从非常不同意到非常同意，得分最低为 15 分，最高为 90 分，其中第 6、8、11、12、14 题为反向计分。在这个量表中，取得的分数越高，表明越有可能达到自我实现。具体来说，1 代表极其不同意，计 1 分；2 代表比较不同意，计 2 分；3 代表不同意，计 3 分；4 代表同意，计 4 分；5 代表比较同意，计 5 分；6 代表非常同意，计 6 分。

1. 我不为自己的情绪特征感到丢脸。

2. 我觉得我必须做别人期望我做的事情。

3. 我相信他人的本质是善良的、可依赖的。

4. 我觉得我可以对我所爱的人发脾气。

5. 别人应赞赏我做的事情。

6. 我不能接受自己的弱点。

7. 我能够赞许、喜欢他人。

8. 我害怕失败。

9. 我有能力分析那些复杂问题并把它们简化。

10. 做一个自己想做的人比随大流好。

11. 生活中我没有明确的要为之献身的目标。

12. 我恣意表达我的情绪，不管后果怎样。

13. 我没有帮助别人的责任。

14. 我总是害怕自己不够完美。

15. 我被别人爱是因为我对别人付出了爱。

22
如何从心灵深处挖掘疗愈自我的力量

〈 灵性自我 〉

什么是灵性自我呢?

我去过安大略省的彼得堡市，参观了一个美洲原住民中心，那里挂满了大大小小的捕梦网。

传说在18世纪的美洲原住民部落里，一位少女做了个梦，梦中，一只蜘蛛教她如何织网，并告诉她网可以捕捉美梦，困住噩梦。那些被捕捉的美梦将会穿过网的中心，像流水一般顺着羽毛流进梦境中。而那些被困住的噩梦，伴随着次日的阳光灰飞烟灭，消失得无影无踪。少女醒来后，依据梦境制作出第一个捕梦网，并把这件事告诉部落的其他人。

捕梦网现在已经流向世界各地，本身并不是稀奇之物，但有没有人真正相信它的神奇力量呢?我采访了一对印第安老夫妻。丈夫说:“当然!昨天它还给了我力量!”妻子补充说:“他梦见了去世的亲人，而捕梦网让他平静。”

他们的叙述，让我想起中国的一种植物结香。可能很多中国人都不知道，枝条柔软可以打结的结香，还称为“梦树、梦花”，传说这种树可以解梦，晚上做了梦，大清早起来，在没人看见的时候去把它的树枝打个结，如果是好梦就可以实现，是噩梦就可以化解。是什么让相距如此之远的两个民族，对梦有着如此相近的习俗呢？这与人类共通的灵性自我有关。

一位 73 岁的印第安画家给我留下了深刻的印象。他自己的作品中，他最喜欢的一幅：凌晨的黑暗中透出光明，一大一小两个行路人走在天际，一只乌龟守候在路的尽头，天上，有一颗明亮的北极星。

他说，这就是他的人生。6 ~ 16 岁，他被强制送入寄宿学校，接受殖民政府对原住民的同化。16 岁的时候，他忘记了父母的姓名、忘记了自己的来处，不知道自己是谁，生活得非常痛苦，开始酗酒，直到有一天，梦到作为自己守护神的乌龟，醒来后他找回了自我，从一个精神上的瞎子变成了看得见的人，无师自通地开始绘画，在每一幅画中疗愈自己。

这位画家的成长经历，让他的自我发展严重受阻，无法建立良好的自我认同和完善的人格，使他陷入酒精依赖。而最终带他走出黑暗的，是始终醒着并且从未放弃成长渴望的自我的核心部分，荣格把它叫作自性，而超个人心理学流派的心理学家们，则把它称作灵性自我。

超个人心理学是心理学的一个分支，20 世纪 60 年代末由人本主义心理学家马斯洛等人提出。目的在于探求人类心灵与潜能的终极本源，主要关注人生价值、人类幸福、自我超越的途径、自我超越中的心理健康和意识状态等问题。试图融合东西方科学、文化，建构比人本主义心理学更开放的范式。

超个人心理学的基本假设是人首先是一种灵性的存在。当然人也有其他层面，比如身体、心理。通俗地说，“身”就是指身体，是生理意义上的生命；“心”指心理，是心理意义上的生命；“灵”是指灵性，是生命最本质、最核心的部分，将一个人的生命层层剥去，还留下的就是灵性，是天然“真、善、美”的倾向性。超个人心理学强调身体、心理和灵性融为一体的全人观，强调三者之间的统合性，也就是三者之间的互动关系对生命发展的影响。

超个人心理学的主要假设有以下几点：人的本性是灵性的，意识是多维的，人的内在生命是智慧之源，生活是有意义的，精神之路是多样的。超个人心理学着重探讨人的灵性，以及认知灵性对人生的重要性，包括个人成长、高峰体验、神秘经历，以及超脱传统自我界线的发展可能。

灵性，在中文语境中有很多意思，可以指“精神、精气”，可以是“人所具有的聪明才智，对事物的感受和理解的能力”。

在心理学中，灵性指的是超个人心理学流派中提到的“灵性需求”。超个人心理学认为，人具有四种层次：生理层次、情绪层次、理性层次、灵性层次（超理性或超越性），并认为这样的模式才能忠实地反映出人类的普遍经验，而且符合人性。而灵性自我，就是存在于灵性层次的自我。

曾经有一对夫妻来咨询，两人都是大学老师，正经历婚姻危机。咨询过程中，我了解到丈夫是虔诚的基督徒，理性层面上认为婚姻是神圣的，不可主动提出离婚；生理和情绪层面上，两年的无性婚姻让他有苦难言；而灵性层面上，妻子没有信仰追求也让他觉得缺少共同语言，看不到希望。

我问妻子的想法，妻子说自己确实对性很排斥，觉得只要有感情就好了；对丈夫的信仰，不反对就是支持，不理解为什么丈夫会那么痛苦。

我请他们分别写下自己在生理、情绪、理性和灵性层次的个人需要，然后一一对照，看看真正的问题在哪里。生理层面上，妻子意识到性冷淡是自己要面对和解决的问题，理性和情绪层面上，她开始理解丈夫和自己的差异，而灵性层面上，她说自己以前完全空白，没有意识到人还需要有这方面的成长，也不知道原来丈夫的灵性需求那么高，所以无法与丈夫在这方面有任何互动和对话，还觉得是他太作了。

对夫妻俩来说，理解对方是合作关系的开始，直面问题是改善关系的开始，而发展灵性自我，争取在更高的层面上与对方产生连接和互动，才能让婚姻关系经受住现实的各种考验，更加持久和牢固，更具有生长性和生命力，成为彼此身心灵的三重伴侣。

发展灵性自我，不是说妻子一定要追随丈夫的信仰，但一起参加教友们的家庭聚会、义工活动等，会让两个人在灵性层面上有更多共同的经历，这些共同经历比生理、情绪和理性层面的连接更加无可替代、历久弥坚。

希望你的灵性自我也能够慢慢苏醒和成长，像那位印第安老画家一样，看见希望的光。

23
揭秘暗物质：你是否体验过心灵感应

〈 量子心理学 〉

还记得那个爸爸当着她的面跳楼自杀的 4 岁小女孩吗？她走进咨询室跟我说的第一句话是："我家里的小白兔死了。"然而事实是她的家里从来没有养过兔子，而我家的小白兔，在她来见我的那天清晨死了。

那一刻，我充满敬畏，相信小女孩不同寻常的看见，并且将心打开，迎接经验之外的更多信息进来。接下来的咨询有如神助，而假如我固守已知的经验，只用头脑去分析，而不是用心去感受孩子的信息的话，或许我们的咨询要很长很长时间，而且不得要领。

站在传统心理学的角度来看，孩子说"小白兔死了"只不过是个偶然，不值得大惊小怪。弗洛伊德会说，这是防御机制——通过小白兔隔离了爸爸自杀给自己带来的痛苦；荣格会说，这是共时性——是孩子的内心世界与外部世界之间、无形与有形之间、精神世界与物质世界同时发生了没有因果关联的一致性。

而从量子心理学角度来看，这是心与心之间“量子缠绕”的结果，意思是：宇宙中的个体表面上各自独立，实际上却彼此交互；个体一旦交互，时空联系就会保留下来，而我们的心灵也以类似的方式缠绕在一起。所以，诸如预感、千里眼、心灵感应等并不是所谓神秘现象，它们只是进化的自然结果。

这个新鲜的视角，讲的是量子与意识之间存在联系，通俗来说，就是意识决定物质，这对传统物理学和心理学都是极大的颠覆，同时挑战了两个领域的权威观念。虽然主流的心理学界还没有做好准备欢迎这个新鲜的观点，但作为假设之一，我们可以试着用它来解构和重构关于自我和生命的定义，明白生命更多的可能性。

就像在量子心理学诞生之前，荣格就已经得出结论：“在微观物理学和深层心理学之间有一个共同的背景。”这样的观点，扩大了我们与世界的关系，让我们有机会跳脱自我意识的局限，找到更广大的意义。

要了解什么是量子心理学和量子自我，先要了解什么是量子。量子是现代物理的重要概念，通俗地说，它是能表现出某物质或物理量特性的最小单元。

而量子心理学是由埃迪·奥辛斯于20世纪70年代中期创立的，强调心理现象与量子现象相似，以一种模糊的概率状态存在，它何时表现出来、如何活动，取决于我们什么时候激活它。

心物、心身、意识与无意识、心理、行为的外显性和内隐性等问题，在以牛顿的经典力学为认识模式的传统心理学中处于对立状态。量子心理学中，则将自然界和心灵视为统一与互补的两个方面，相互作用，超越时空限制，通过神秘的和谐可以使身心、身物达到统一。

量子心理学打破了传统的科学主义心理学的纯粹客观性和价值中立的神话，使心理学由追求心理和行为的简单描述到研究它们的复杂性和模糊性，改变了心理学中以经典力学为典范的科学认识模式及心理学的科学形态，推动心理学的科学认识模式进入现代阶段。

著名的“薛定谔的猫”的实验，可以帮助我们理解量子现象。这是曾获 1933 年诺贝尔物理学奖、量子力学创始人之一薛定谔，提出的一个思想试验。

把一只猫放进一个封闭的盒子里，然后把这个盒子接到一个装置上，这个装置包含一个原子核和一个毒气设施。原子核有 50% 的可能性发生衰变，衰变的时候就会发射出一个粒子，并触发毒气设施，毒气一被触发就会杀死这只猫。

那么，猫就有死活两种可能，且死活的概率都在我们心里。从这个意义上讲，猫处于既死又活两种状态。当我们打开盒子，两种可能就不再重叠而归于一种状态：猫要么是死的，要么是活的。打开盒子，就是激活，如果不被激活，在没有人看见、没有人能证实的情况下，箱子里的猫死活的可能性都有，所以说猫是半死不活，既死又活。换句话讲，意识决定了物质，万物由心而造。这个观点只提供视角、不提供对错，重要的是，它可以让你跳脱出固化的思维模式，换个角度看世界、看自己。

这个实验虽然有些难懂，但延伸到生活中，你会发现很多有趣的现象。比如，人的思想也时常处在叠加态，既想做又不想做，既想走又不想走，既想买又不想买，既想要又不想要……这时候，突然发生的某个事件就促使我们决定怎么做。

一对夫妻结婚十年，丈夫一直对妻子百依百顺，好像一辈子都离不开她似的。被宠坏的任性妻子发起脾气经常有恃无恐，有一天甚至脱口而出说："离婚！"妻子原以为丈夫会一如既往地来哄自己开心，没想到丈夫却脱口而出说："好！有什么条件你尽管提！"

妻子简直不相信自己的耳朵，丈夫这才告诉她，自己有离婚的想法很长时间了，只是一直下不了决心。妻子开始哭泣示弱，说自己并不是真的要离婚，只是想证明自己在他心中永远重要而已。可是丈夫说，一直觉得自己活得很窝囊，本来为了孩子还准备再忍十年，可现在这个缺口打开了，自己的心再也收不回来了。

这对夫妻的婚姻，就像薛定谔的猫，之前一直处在既死又生、既准备结束又仍在继续的状态里，两种状态各有 50% 的可能性。

而过于以自我为中心的妻子主观认为婚姻关系 100% 由自己掌控，所以贸然打开了盒子，激活了结果，把不确定变成了确定，才发现那不是自己想要的结果。

现实生活中充满了各种不确定性，但我们常常忘记，所以陷入低谷时常以为再也走不出来了，一帆风顺时又以为自己无所不能。我们多数人从小就受线性思维训练，习惯了非此即彼、非黑即白的思考方式，在面对学习、工作和人生问题时，就会缺乏选择余地，陷入自设困窘之中。

比如，一些优等生或者优秀员工常常陷入的困境是：一件事情没有做好，就把自己全盘否定，长时间体验到懊恼和羞愧，比不那么优秀的人更加抬不起头来，活得非常累。事实上，假如他们知道，每个人其实也都像薛定谔的猫，既优秀又不优秀，既完美又不完美的话，就可以允许自己活出更多的可能性。比如，在活得优秀与不优秀之间，其实还存在着活得有趣、活得自在等不同的选择，这样想的时候，活着就会感觉轻松许多。

能够这样想的人，其实已经活出了量子自我。

曾在麻省理工学院主修物理学和哲学，后来在哈佛大学取得哲学、宗教暨心理学博士学位的学者丹娜·左哈，在 1990 年写了一本《量子自我》，提出：现代物理学的见解可以阐明我们对日常生活的理解——我们对自己、对他人，乃至对整个世界的关系。这本书出版以后，世界各大公司相继邀请她前去授课，使她又成为著名的企业管理专家。

而无论是企业管理还是自我管理，对量子自我的深刻觉察、认识和评价，都有助于我们做出理性的选择，活得更加通透。

比如，我们原来认为世界是物质的，意识是和物质是相对立的。现在我们发现，意识其实也是一种物质，而我们认知的物质，仅仅是这个宇宙的 5%，宇宙中 95% 是看不见摸不着的暗物质。这些暗物质，让没有任何联系的两个量子，就像小女孩口中的小白兔和我家里的小白兔，可以神奇地发生纠缠。

对暗物质的描述，我最喜欢的是科学松鼠会的一段话：

> 如果每个人都是一颗小星球，逝去的亲友就是身边的暗物质。我愿能再见你，我知我再见不到你。但你的引力仍在。我感激我们的光锥曾彼此重叠，而你永远改变了我的星轨。纵使再不能相见，你仍是我所在的星系未曾分崩离析的原因，是我宇宙之网的永恒组成。

这段话，可以用来做哀伤辅导，也可以用来帮助人们摆脱日常的困境。

很多咨询中，我都会请来访者找一找现实世界及想象世界中能够给自己带来生命力和心灵支持的物品或人物，哪怕这些物品没有生命，这些人物已经过世，但因为暗物质的存在及量子纠缠，它们真的帮到了来访者，在量子自我的层面上重新站立起来。

○ 练习

你的生命中，有哪些物品或者人物，可以带给你同样的力量和滋养呢？

24
如何在自然中，找到你的内在安宁

〈 生态自我 〉

20 年前，我曾送给一位患轻度抑郁症的女孩一盆文竹，请她每天记录文竹的变化并定期与我分享。因为小小的文竹让她对大自然的造化与生命力深怀敬畏与感恩，一年后，她不仅自己康复，而且也成了“送文竹的人”。她说，有几天文竹看起来已经不行了，她一心想要放弃，没想到在阳台上扔了一个星期后，文竹居然长出了小小的新叶。

那时候，年轻的我并不是刻意地制订文竹计划，而是在咨询过程中，我观察到来访者有几次无意之间对着茶几上的一盆文竹长吸气，所以灵机一动，临时采取的咨询策略。送她的文竹种在一个小小的花盆里，而我心里其实在想，这就是我的微型“森田花园”了，愿它能像日本森田疗法的创始人森田正马的病房一样帮到更多人。

森田先生在 1920 年创立了森田疗法，让患者从卧床禁语到接触自然、手工劳作，慢慢体会到“顺其自然、为所当为”，于是，连顽固的强迫症也不再成为问题。

我很喜欢森田疗法的理念和方法，因为我相信原始的自然和纯朴的劳作，可以唤醒生命的自发性、疗愈各种文明的心理病。当时的“文竹疗愈”，现在看来很像园艺疗法。而这些年来，我们将自然教育与心理养育、心理辅导相结合，开始了一系列预防胜于治疗的探索和实践。每一次，都会收获满满的感动和信心。

比如，前文提到的那位有恐高症却在儿子面前成功完成 20 多米的天坑速降的父亲，促使他突破自我设限的，除了父子之爱，还有大自然本身唤起的内在生命力。

一位强迫症妈妈，平日里连按电梯都害怕脏，做了一年咨询后，跟十来岁的儿子一起参加探洞，开始允许自己和儿子满手满身泥。当妈妈在野外脱掉鞋赤足踩在山路上的时候，儿子激动得手舞足蹈、欢呼着扑进她的怀里——从出生到现在，他是多么渴望自己的妈妈能像别的妈妈一样，不要那么紧张，不要再让自己从早到晚不停地洗。

探洞活动结束的时候，我在洞口拍下了那位妈妈沾满泥浆的双脚，说：这是从业 20 年来，最幸福的一次授课，因为我只是自然的助教，自然才是真正的导师。

在我来看，森田正马先生或许是最早将广义的“自然教育”

与“心理治疗”完美结合的人。

什么是自然教育呢？自然教育，是让体验者在生态自然体系下，在劳动中接受教育；是解决如何按照天性培养体验者，如何培养体验者释放潜在能量，如何在培养自立、自强、自信、自理等综合素养的同时，树立健康的人生观、价值观，均衡发展的完整方案；是解决教育过程中的所有个性化问题，培养面向一生的优质生存能力、培养生活强者的教育模式。

自然教育注重让学习者在学习中发现自我，认识自我，同时认识个人、身体、心智、社交、自我与外界的关系，从而获得自我认同、独立自信和个人能力的提升。这也是自然教育能在信息、科技、产业都在迅速变动与革新的21世纪风靡全球的原因。将来，了解自己、选择未来将是人才最核心的能力。

那么，作为心理咨询师，我为什么要将自然教育运用到心理咨询中呢？原因是：20多年的咨询工作经历，让我深深地意识到，自然可以为人们提供源源不断的心灵成长养分，提升人们自愈的能力。

现在，有越来越多的学者开始关注自然与人们身心健康之间的关联。

以亲子养育为例。

康奈尔大学环境心理学家的报告说：**生活越贴近自然的孩子，在面临生活中的压力时会产生越少的心理负担。**孩子的家庭越接近自然环境，孩子就越少会出现多动、焦虑或消沉等行为。

挪威及瑞典的学者也针对学前儿童做了相关研究：两组学前儿童，一组每天在普通的游乐场玩耍，一组在有树木、岩石的自然环境中玩耍，他们每天玩耍的时间相同，一年之后，在自然环境中玩耍的孩子表现出更强的平衡能力及运动能力。

自然和人的身心健康之间，有着超乎我们想象的联系。这两年，我在全国各地给家长们讲授如何培养心理健康的孩子。自序中提到的那对夫妻，偷偷生了二胎又怕罚款，于是将孩子藏在家中，等到终于敢把孩子“放出来”，才发现孩子有了非常严重的身心问题。

虽然大多数故事不会这么极端，但是丧失与自然亲近本能的孩子却比比皆是。不少孩子对自然心怀恐惧而非“敬畏”，他们唯一熟悉的是各种电子设备，而这恰恰是父母们不经意间犯下的“罪”。

圆子5岁的时候，我带她去尼泊尔探访自然。在尼泊尔博卡拉市的一个清晨，我带着圆子在屋顶看日出。太阳出来那一刻，圆子和我一样激动，举着她自己的平板电脑不断地拍摄。

我突然意识到，平板电脑的镜头里看到的日出和天边的日出完全不一样，而对一个小生命来说，静静地观看和体验日出的美，该是多么的难得和珍贵。知道错在自己，我立刻先收起手中的相机，蹲在她身边帮她慢慢放下平板电脑，用肉眼凝视美丽的天空，看雪山被朝阳镀上一层暖暖的金色。

不只是孩子需要自然教育，大人也一样。城市里生长和生活的我们，一不留神就可能患上“自然缺失症”。

“自然缺失症”最早由专门研究家庭关系和儿童教育的作家理查德·洛依提出，他写了一本书《丛林中的最后一个孩子》，提醒人们注意，孩子们对自然的知识越来越多，和自然的接触却越来越少，这也许是很多令人担忧的儿童行为异常的原因。

成人的自然缺失症，比孩子们还严重。太多的成人在传统的教育模式下，无暇接触自然，被来自书本的知识和对错判断占满，成为只会使用左脑的人。而心理学家研究发现：过度使用左脑的人不幸福。虽然左右脑的功能并不是截然分开的，高级复杂的心理活动是左右脑共同参与的结果，但两者各有优势。左脑可能擅长帮助我们成功，右脑则可能更擅长提供美和喜悦感，使人体分泌与幸福有关的内啡肽。

左脑说，你必须做什么才有意义；右脑则说，你的存在本身就有意义。于是，强迫、焦虑、抑郁等心理疾病排山倒海地朝过度使用左脑的人们涌来。拥有一流的音响设备，听音乐时却满脑子想着“左声道还是右声道”；希望运动减压，运动起来却一心想赢而变得更加焦虑……

所以，多年来我一直在给科学家和世界500强企业的研发工程师们讲授“右脑生存术”，而右脑生存的最佳练习，是回归自然，心存敬畏、谦卑和感恩地承认我们是和万事万物一样的存在。

以尼泊尔为例，当我们与各种动物一起徒步在奇特旺国家公园，与雄鹰一起飞翔在喜马拉雅山脉的鱼尾峰，与当地的孩子们一起捧起牛粪给桃树施肥，在杜巴广场被庙宇与鸟兽环绕，在千年菩提树下玩木头人游戏……大人和孩子们就一起找回了与自然的连接，而这份连接，可以提供终极的归属感，让人拥有安静生长的力量。

如果我们意识到自己和天地万物是一样的存在，就更容易放下生而为人的各种焦灼和压力，拥有更强的心理弹性，更有可能坦然面对人世间的各种压力、烦恼与不确定，因为，我们在传统的自我认知和量子自我之外，又认识了一个新的自我：生态自我。

什么是生态自我呢？

生态自我，也被称作“生态自我认同”。它来源于深层生态学，有两条根本性的原则，自我实现原则和生态中心主义的平等原则。

生态自我的“自我实现”，是在传统的自我成熟的过程中加入自然、环境、其他生命共同体，使得传统的自我概念不断深入和扩大。随着自我的加深和加广，我们将在他人中看到自己，自我与自然之间并无明确的分隔，这个过程就被称为“自我实现”，强调的是个体的特征与整体的特征密不可分，“自我与整个大自然密不可分”。人的自我利益和生态系统的利益是完全相同的，一切生命没有高低贵贱的分界线，并且每一种事物都是互相关联的。

自我实现是人的潜能的充分实现，使人真正地成为人的境界，而生态自我的实现，就是从小我到大我的过程。当一个人达到“生态自我”的阶段，他便能在与之认同的自然物中找到自己。

你的生态自我成长越多，你就越能意识到与远远近近的生态系统的日常交互。你可以更理解其他存在的需要，而不仅仅是人类的。比如你开始知道：大象不停地摇动身体，不是因为快乐，而是因为从小被囚禁及被迫母婴分离而产生的抑郁；小鸟不停地歌唱是在寻找配偶；含羞草之所以害羞是因为自我保护。当理解了这些，你会发现人类和自然的界限，从一开始就完全是人为制造的界限。

知道这些，对我们的现实生活有什么帮助呢?

一个最直接的帮助是：不再把生老病死、心理症状太当回事；不再对抗的时候，不少症状往往就自然消失了。

于是，就有了一种新的疗愈：荒野疗愈。它是指在专业人员指导下，通过自然活动和体验原始生活技巧，来改变消极行为和思考方式。荒野疗愈主要针对情感和行为问题，最短需要 1 周，最长不超过 3 个月，每次参与者不少于 10 人。

荒野疗愈的目标之一是树立参与者的信心，拓展身体和心理极限，帮助参与者掌握生存技巧和自我保护技能。此外，荒野区别于熟悉的城市环境，所以能轻易帮助参与者从不愉快的过往中解放出来。

最单纯原始的荒野环境，也会是人类内心最依赖的环境，治疗师会运用冒险和恐惧的力量，唤醒参与者与自然之间最原始的连接。再有，简单地徒步，使得大脑思维也变得简单，再加上治疗师的自然隐喻，可以有效促进参与者内省。让参与者踏实地“居住”在地球的生态圈内，而不只是居住在人为的狭小空间和自我认知的盲点内。

荒野疗愈属于生态疗愈的一种，来源于生态心理学。生态心理学认为，人类行为乃是个体内在因素与外在环境相互作用的结果，强调内外因的互动与平衡。生态心理学的创立者根据场论发展出了行为情绪论，指出人患心理障碍或疾病，表示个体行为与环境配合不良，是生态系统失衡的结果。

生态心理学将人类心理放到更广阔的背景中看待，包括人、其他动物、植物、微生物、石头、海洋、星辰……这些生命都是彼此连接的。万物互联，万物一体，理解了这些，你就更有可能过上不焦虑的人生。

25
心痛却查不出病因，如何探寻各种表象背后的真实

〈 彩蛋 〉

有故事的人要认识自己，可以按图索骥、不断整理。

今天我们根据三位朋友的问题，一起来学以致用、反复练习。

第一位朋友觉得自己都不认识自己。

跟随林紫老师学习到现在，逐渐发现了自己表象性格形成的原因，老师也强调我们要接纳真实的自我，但是，怎么才能发现真实的自我呢？

我觉得自己的性格有很多面，时而敏感细腻，时而神经大条，时而悲观失望，时而乐观积极，等等，因而认为并不能真正了解自己内心深处是什么样子，便时常产生“我是谁”的困惑。

发现表象性格形成的原因，叫作知道自己的“来龙”；而发现真实自我，则需要把一把自己的“去脉”。

来龙去脉，原来是风水先生的说法，认为山势如龙，从头到尾都有血脉连贯。人也一样。自我有了来处，在现实生活里就会生长蔓延，那些蔓延开来的部分，抽枝发芽也好、开花结果也好，都是顺势而为，不加造作与修饰，不因为自己“苔花如米小”而自惭形秽。这，就是真实的自我。

找不到真实自我，往往是因为我们在各种关系里隐藏了太久，需要松松土、刨去覆盖得太厚的枯枝落叶。这位朋友的四个“时而”，其实是每个人都有的，它们一方面反映出真实自我的多面性，一方面也在提醒我们，真实自我隐藏在下面三种关系里，需要我们问自己一些问题来加以整理。

- 检查自己与自己的关系，问问自己：一个人的时候，我最喜欢做的三件事情是什么？
- 检查自己与他人的关系，问问自己：两个以上的人在一起的时候，我最想隐藏和掩饰、最害怕别人知道的三个特点是什么？
- 检查自己与世界的关系，问问自己：假如无所畏惧，我最想做的三件事情是什么？

把这三个问题的答案放在一起，找到其中的共同点和交叉点，记录下来，为我们接下来的自我认识小练习——写自传，做好准备。

第二位朋友总是怀疑自己有心脏病，因而小心翼翼。

我一直怀疑自己有心脏病，但是每次体检心电图都一切正常。我总是感觉自己胸口这个区域疼，很拧巴的感觉，呼吸有点困难。特别是看到有人猝死的新闻，就会联想到自己，害怕自己会猝死，不敢做剧烈运动。

这有点类似心理诊断中的“疑病症”——明明身体上没有任何器质性病变，却真实地感觉到不舒服，总是担心自己生病。不过，我们需要先排除一些具体情况。比如：如果这位朋友是女性，就要进一步检查有无进入或提前进入更年期，因为更年期综合征的其中一个表现，就是没有规律的心痛或者心悸。假如所有的生理原因都排除了，我们就可以来看看：表象的心痛背后，隐藏着怎样的真实自己。

症状，都是有功能的，往往在提醒我们关注症状背后的真正问题。在这位朋友的描述中，我们能够看到的是他对猝死的恐惧。而这种恐惧，其实是潜意识对压力下的自我的保护性反应。如果没有这种恐惧的存在，或许生命的耗竭和超负荷运转永远不会停息。所以，心痛背后，隐藏着的往往是不愿再透支精力或情感的自己。

也有另一种可能：对现状不满，有过自我毁灭的念头，但理性上又告诉自己不应该这么想，于是用了反向形成的防御机制，把无意识之中不能被接受的欲望和冲动转化为意识中的相反行为，表现出十分害怕死亡。

还有一种可能：如果近半年来经历过重大的人生变故或者亲人离世，疼痛就很有可能是表达悲伤。

究竟是哪种情况，需要这位朋友自己梳理，同样也可以借助写自传的方式来梳理。

心病还需心药医。要缓解心理原因引起的疼痛，就要先满足或者部分满足被压抑的心理需求，比如：说出悲伤，调整工作、学习及生活的节奏，张弛有度。

下面的身心练习可以帮助缓解心因性心痛。

- 腹式呼吸练习：吸气的时候，肚子鼓起来；呼气的时候，肚子瘪下去，像婴儿一样。
- 与心脏对话：早上醒来先不要马上起床，把手放在心的位置，告诉它你听到了它的声音，感谢它的付出，同时承诺会更好地照顾它。
- 为自己减压：看看自己的日常节奏，有哪些可以调整的地方。
- 回归大自然：每周确保有半天时间是待在大自然里，什么也不做，想象自己是大自然的一分子，做回生态的自己。

第三位朋友总是觉得自己做得不够好。

每次做完一件事情后，假如自我感觉其中可能有没做好的地方，我就会在之后的一段时间内不断回想是哪块可能没做好，然后自责；明明工作已经结束了，情绪还停留在那里。这让我感到很累，也影响我不能顺利投入下一件事情。怎么缓解这种情绪，并及时跳脱出来？

这是典型的完美主义者特点。完美主义来自过于强大的超我，童年不被允许犯错、得到过多表扬而认为自己不应该出错、过于在乎他人的看法等，都可能让我们过度追求完美。解决它的方法有很多，请记住最根本的一条：80% 原则。

也就是说：允许自己用 100 分的努力得到 80% 的成果，而不是用 120 分的努力来换取 100% 的结果。另外，将“没做好”与自我价值分离，学会把心放在事情上，而不是把事情放在心上。

下面，介绍一个心理学小工具——写自传，标题就叫“我是谁”。

这是表达性书写的一种。表达性书写与音乐、舞蹈、绘画等表达性艺术治疗类似，是将文学的概念形式应用于心理治疗。诗人纳塔莉·戈德堡在她的书《不安的时候，坐下来写》中提到，所有的书写，都通向疗愈。她认为，书写能帮我们接受生死真相，并让自己安静下来，与情绪对话，能让内心获得安抚与平静，领悟到真正的快乐。

心理学工作者发现，表达性书写能够减少来访者的侵入性思考、回避行为，促进他们的情绪表达与自我抽离，转化混乱情绪为有组织的思考，整合情绪与想法以形成一致性的叙事，创造意义，从经验中得到益处。

存在主义心理治疗、叙事治疗，这两个心理流派都将书写作为深度探索自己、达到心理疗愈的一种方法。在存在心理治疗的领域中，通过想象力与书写，预写自己的墓志铭或讣闻，能够增加对“死亡”的觉察；通过创造自己的作品，能反思创伤经验、探索各种可能性，克服“无意义”的危机。

叙事治疗流派则认为：人生就是一个叙事的过程，我们过得怎样，取决于如何叙述，而不是我们经历的那些事情。

请大家根据下面的步骤指导，完成你自己的自传。

首先，预设书写主题。从内心深处与自己有关的想法和感觉中，选择一个最想表达的主题，可以是情绪、想法；你的过去、现在，或未来；你过去的样子、你想要成为的样子，以及你现在的样子；等等。

其次，设定书写时间。第一次做书写练习，可以把时间设为 7 分钟左右，之后逐渐延长写作时间，一般是 15 ～ 30 分钟。保证自己在这段时间里能全身心投入书写，不被打扰。

再次，开始书写。一旦开始书写，就不要刻意思考，也不要停下来，像小河在流淌那样，你的感受与思维出现什么，就让它从笔尖流淌出来。不用考虑句子是否通顺，表达是否优美，也不用考虑内容有没有偏离主题，你只需要不停地把内心写出来，直到时间结束。

最后，阅读。写完后，停下来，看看自己书写的内容，尝试去发现书写中的自己。

举个例子。比如我写下了一个感受“我害怕”，接下来出现的是“所以我藏起来”“我藏起来是因为我觉得自己还不够好”“所以我害怕被评价”“其实是我害怕别人评价我不好”“如果别人评价我不好，我就会很难受”“我想起小时候总是被评价好，所以有那么一两次被罚站时，我觉得自己简直无法活下去……”“我好像就应该是一直好的”“又想起最近发生的一些事情，因为没有达到自己的预期而难受得不行”“我在自责”“我好像很习惯用自责来给自己施加压力和惩罚自己”“我又想起……”。

就是这样，一直写下去，让潜意识的自然流动带你找回真正的自己。